Psicologia
Neuropsicologia na prática

ÍNDICE

INTRODUÇÃO

É com imensa alegria e satisfação que dou as boas-vindas a você neste fascinante mergulho pelo universo da neuropsicologia. Ao abrir este livro, você se coloca diante de uma oportunidade rara: desvendar os mistérios que ligam o comportamento humano às intricadas conexões do cérebro. Prepare-se para uma jornada que não é apenas informativa, mas também repleta de reflexões profundas sobre a natureza humana e as funções cognitivas que nos moldam.

Neste primeiro capítulo, teremos um encontro com a história da neuropsicologia, uma disciplina que emergiu da interação entre a psicologia e a neurologia, formando um campo interdisciplinar absolutamente vital para a compreensão dos processos mentais e das suas relações com o funcionamento cerebral. Você perceberá, ao longo das páginas, como grandes pensadores como René Descartes e Franz Josef Gall lançaram as bases para o estudo da mente e do comportamento, levantando questões que ainda ressoam na ciência moderna.

Talvez você se pergunte: como chegamos aqui? Que caminhos percorrermos para entender melhor a ligação entre o cérebro e o comportamento? Ao explorar a evolução do conhecimento neuropsicológico, você descobrirá como teorias antigas deram espaço a descobertas contemporâneas, caminhando de forma emocionante pela história das aprendizagens humanas. Desde os primeiros estudos sobre lesões cerebrais, que abriram portas para a compreensão de deficits cognitivos, até os avanços das modernas técnicas de neuroimagem, como a ressonância magnética funcional, cada etapa revela o entrelaçamento da ciência e da vida cotidiana.

Além disso, tópicos fundamentais como as principais pesquisas que modelaram o campo da neuropsicologia estarão aqui sob sua análise. Veremos como essas descobertas impactaram a prática clínica e a reabilitação de pacientes, ressaltando de forma significativa o papel da neuropsicologia no diagnóstico e no tratamento de diversos transtornos. Você ficará tocado por histórias inspiradoras de superação e resiliência, que nos mostram que cada cérebro — e cada vida — é um universo único.

Tão importante quanto a história e a teoria são as reflexões sobre o presente e o futuro da neuropsicologia. Iremos discutir o reconhecimento da neuropsicologia como uma profissão respeitável, as exigências da formação e as competências necessárias para atuar em um ambiente clínico ou educacional. É uma área em constante evolução, repleta de desafios, mas também de promissoras perspectivas que permitem ampliar nosso entendimento da mente humana e das condições neurológicas.

Estar aqui, agora, nesta viagem pela neuropsicologia, é uma escolha singular. Você decidiu explorar um campo que não apenas se destaca pela sua complexidade, mas também pela sua relevância no cotidiano. Estou empolgada para acompanhá-lo nessa jornada de descobertas, insights e, acima de tudo, de crescimento pessoal e acadêmico.

Sinta-se à vontade para refletir, questionar e interagir com o texto. Cada página foi elaborada com carinho e dedicação, pensando em como tornar essa experiência a mais rica e gratificante possível. Que este livro se torne um espaço de aprendizado e transformação na sua vida!

Agradeço por me permitir ser parte dessa aventura ao lado de você. Vamo-nos juntos empoderar pelo conhecimento e nos aprofundar nas nuances da neuropsicologia.

Com toda a dedicação e carinho,

Adriely Oliveira

CAPÍTULO 1: HISTÓRIA DA NEUROPSICOLOGIA

A neuropsicologia. Uma palavra que, à primeira vista, pode soar técnica e distante, mas que carrega em seu âmago uma jornada fascinante sobre a complexa interconexão entre o cérebro humano e o comportamento. Definida como a disciplina que investiga como o funcionamento cerebral está intrinsecamente ligado às nossas emoções, habilidades e comportamento, ela se ergue como um pilar fundamental da psicologia contemporânea. Sua importância é inegável; à medida que a ciência avança, a compreensão dos mistérios da mente humana e suas relações com a biologia tornam-se mais urgentes e necessárias.

O surgimento da neuropsicologia como uma área interdisciplinar pode ser traçado ao longo dos séculos, ao se entrelaçar com aspectos fundamentais da psicologia e neurologia. Muito antes de termos a cognome de neuropsicologia, pensadores como René Descartes já estabeleciam diálogos sobre a dualidade entre corpo e mente, propondo a ideia de que a essência do ser humano poderia não residir apenas em sua matéria biológica, mas também em uma dimensão imaterial. Tal como um jardineiro que planta sementes de reflexão, Descartes nos deixou uma herança que gerou questionamentos sobre como as mudanças no cérebro poderiam afetar nossos pensamentos, decisões e comportamentos.

Outro nome que não pode ser esquecido é Franz Joseph Gall, que neste campo de exploração teórica, ousou construir a frenologia, uma abordagem que buscava mapear as diferentes funções mentais às partes específicas do cérebro. Embora sua teoria tenha sido desprovista de rigor científico, a ideia de que estruturas cerebrais estão envolvidas em funções comportamentais enfatizou a necessidade de uma investigação mais sistemática sobre as relações entre cérebro e comportamento. Gall fez da neuroanatomia um campo visual, instigando futuras gerações de cientistas a se aprofundarem na pesquisa do olhar íntimo que a neuropsicologia exigia.

Durante séculos, a locomotiva do conhecimento fez sua jornada de forma lenta, mas reveladora. Mentes brilhantes continuaram a arcabouçar a noção de que o cérebro, longe de ser um enigma isolado, é moldado por nossa vivência e ambiente. Toda emoção que sentíamos, cada ação que tomávamos, ecoava na estrutura emaranhada de neurônios e sinapses, revelando uma sinfonia harmoniosa que entrelaça o aspecto físico com o mental. O entrelaçar do comportamento e o funcionamento cerebral não era apenas um foco de interesse entre acadêmicos, mas a busca pela verdade sobre quem somos enquanto seres humanos. Exploraremos essa tapeçaria histórica rica e complexa, marcada por desvios e viradas incrivelmente impactantes, que, passo a passo, transformaram o que sabemos sobre a neuropsicologia na prática de hoje.

À medida que adentramos nesta trajetória, deixa-se claro que o entendimento da relação entre cérebro e comportamento não é uma mera curiosidade científica; é uma necessidade palpável que permeia a vida diária. Nos próximos segmentos, onde evoluímos juntos pelos meandros históricos até a contemporaneidade, você, leitor, começará a compreender não apenas a história da neuropsicologia, mas também a importância de cada descoberta ao longo do caminho – uma jornada que atravessa séculos. Cada conceito, cada estudo, cada nome que emerge nessa narrativa é um convite para que você se junte a nós, na impetuosa busca pela compreensão da mente humana.

A evolução do conhecimento neuropsicológico é uma jornada que se entrelaça com as grandes descobertas da história. Desde os tempos antigos, com filósofos e cientistas questionando a ligação entre o cérebro e o comportamento, até os nossos dias, onde as tecnologias mais avançadas nos permitem ver o cérebro em ação, cada passo dado foi fundamental para consolidar a neuropsicologia como uma disciplina robusta e essencial.

Os primeiros registros de interesse sobre a relação entre o cérebro e o comportamento remontam à Grécia Antiga. Hipócrates, considerado o pai da medicina, ousou dizer que o cérebro era o órgão da mente, longe da visão predominante de que o coração deveria ser o centro de nossas emoções e pensamentos. Transformações profundas na forma de ver a mente e o corpo começaram a ganhar atenção. Com o passar dos séculos, figuras como Galeno e, posteriormente, Descartes, foram moldando a compreensão sobre como a estrutura física do cérebro poderia interagir com as funções mentais.

A revolução durante o século XIX trouxe novos ares a essa discussão. O trabalho de Paul Broca, que identificou a área de Broca no cérebro responsável pela produção da linguagem, ofereceu evidências concretas de que funções cognitivas estavam localizadas em regiões específicas do cérebro. Sua famosa observação do paciente "Tan", que havia sofrido uma lesão nessa região, deixou claro que lesões em áreas específicas do cérebro poderiam resultar em déficits funcionais claros. Essa era uma janela aberta para o entendimento de que a estrutura cerebral estava indissociavelmente ligada ao comportamento humano.

Carl Wernicke, outro gigante do estudo das funções cerebrais, enfocou a compreensão da linguagem e seus componentes. A descoberta da área de Wernicke, responsável pela linguagem e compreensão, acentuou ainda mais a percepção de que o cérebro não é apenas um órgão passivo, mas sim um centro de atividade vital para todo o comportamento e cognição. As contribuições de Broca e Wernicke não são meras anotações em livros de história; elas foram fundamentais para o rápido avanço no campo da neurociência e ofereceram um modelo que influenciou profundamente a prática clínica em neuropsicologia.

Os avanços na metodologia científica transformaram a neuropsicologia em algo mais que uma teoria, mudando-a em uma disciplina baseada em evidências. A ressonância magnética funcional (fMRI), por exemplo, é uma das inovações tecnológicas que emergiram, permitindo aos pesquisadores visualizar o cérebro humano em atividade. Essa técnica cutucou a barragem das antigas limitações; agora, podíamos observar quais áreas cerebrais se iluminavam em resposta a tarefas cognitivas específicas, revelando a coreografia complexa e dinâmica que, até então, apenas podíamos imaginar.

Essas descobertas transformadoras não surgiram do nada. Elas foram o resultado coletivo do trabalho de inúmeras mentes brilhantes ao longo da história, constantemente questionando e testando as interações entre diferentes domínios da ciência. A interação entre neurologia e psicologia foi se solidificando, formando uma base interdisciplinar que continua a evoluir e a expandir suas fronteiras. O trecho entre os primeiros consideradores e as atuais tecnologias avançadas é um testemunho do nosso incessante desejo de entender não só o cérebro humano, mas também o ser humano em sua totalidade.

À medida que o campo da neuropsicologia avança, és evidente que a trajetória já percorrida foi repleta de desafios, mas também de conquistas inigualáveis. Cada descoberta nos aproxima mais de uma compreensão precisa e profunda sobre a complexidade que reside dentro de cada um de nós. Assim, ao explorarmos agora as pesquisas que moldaram este campo, somos convidados a refletir sobre o que cada estudo significa para nós, tanto em um nível teórico quanto prático. O conhecimento, tal como um fio invisível, continua a tecer a rica tapeçaria que é a neuropsicologia, unindo o passado e o presente em uma busca contínua por insights sobre a mente e o comportamento humano.

As pesquisas que moldaram a neuropsicologia foram, sem dúvida, pontos de inflexão, revelando aspectos intrigantes e fundamentais sobre como o cérebro se relaciona com o comportamento humano. Quando consideramos o impacto das lesões cerebrais, logo nos lembramos da influente história de Phineas Gage, um trabalhador ferroviário que sobreviveu a um acidente devastador no qual uma barra de ferro atravessou sua cabeça. Sua recuperação não foi apenas física; ela provocou uma revelação monumental sobre a relação entre a estrutura cerebral e a personalidade. Após o acidente, Gage passou a apresentar comportamentos impulsivos e irresponsáveis, evidenciando que nossa identidade e comportamento não apenas são moldados por nossas experiências de vida, mas também pelas basicas estruturas neurológicas que sustentam nossas funções cognitivas.

Através de estudos naturais e investigações sobre lesões, cientistas começaram a atentar para consequências dessas alterações cerebrais. Pesquisas subsequentes demonstraram como diferentes frações do cérebro podem ser responsáveis por funções específicas. Estudos com pacientes que sofreram danos em áreas específicas do cérebro possibilitaram um mapeamento mais detalhado das funções cognitivas, e isso, por sua vez, ampliou nosso entendimento sobre a plasticidade cerebral — a capacidade do cérebro de se adaptar e reorganizar após experiências traumáticas. Essa plasticidade é uma luz brilhante em um campo que frequentemente lida com a adversidade, pois indica que, mesmo após lesões, é possível reabilitar e restaurar algumas das funções perdidas.

Outra linha de investigação primordial surgiu através do uso de tecnologias inovadoras, como a ressonância magnética funcional (fMRI). Essa ferramenta revolucionária permitiu que os pesquisadores realizassem observações em tempo real da atividade cerebral enquanto os indivíduos realizavam certas tarefas. Ao ver o fluxo sanguíneo nas diferentes áreas do cérebro, os cientistas puderam mapear quais regiões eram ativadas em resposta a estímulos emocionais, decisões e até mesmo tarefas básicas como a leitura e a memória. A ressonância magnética não apenas abriu novos horizontes para a pesquisa neuropsicológica, mas também mudou a maneira como interagimos com e pensamos sobre as funções cerebrais.

Os dados emergentes, por sua vez, tiveram aplicações práticas significativas. Profissionais da saúde começaram a utilizar os resultados dessas pesquisas na avaliação de transtornos mentais e na reabilitação cognitiva. O desenvolvimento de protocolos de intervenção baseados em evidências se tornou um foco central, possibilitando que neuropsicólogos abordassem compromissos cognitivos de forma mais eficaz. Programas de reabilitação que incorporam exercícios abrangentes e personalizados são agora comuns em ambientes clínicos, oferecendo esperança e resultados palpáveis para aqueles que passaram por lesões cerebrais ou enfrentam quadros que afetam suas funções cognitivas.

Dessa forma, a influência das pesquisas na neuropsicologia vai além do mero contexto acadêmico. Elas interagem com e transformam vidas, moldando as práticas e compreensões que permitem a reabilitação de indivíduos, fornecendo suporte necessário para a reintegração social e a otimização de funções diárias.

Em um cenário mais amplo, as descobertas no campo da neuropsicologia não apenas redefiniram a própria disciplina, mas também enriqueceram a compreensão que a sociedade possui sobre saúde mental e os desafios cognitivos. O estigma que costumava cercar doenças mentais diminuiu gradativamente à medida que a evidência científica se acumulava e as conversas sobre o cérebro se tornaram mais acessíveis. Essa mudança de perspectiva é crucial, pois mostra que a neuropsicologia se estabeleceu não apenas como uma área de estudo, mas como um recurso vital na promoção do bem-estar psicológico e emocional das comunidades.

Assim, armado com a compreensão destes avanços e o impacto deles, o campo da neuropsicologia continua a se expandir, buscando incessantemente novas fronteiras a serem exploradas. Cada nuance descoberta, cada caso documentado, e cada inovação tecnológica trazem novos desafios e oportunidades que moldarão o futuro da neuropsicologia, conectando ainda mais o vasto universo da mente humana com as complexidades do cérebro. O convite está aberto: essa jornada em movimento vai além da pesquisa, abrangendo um convite para refletir sobre como cada um de nós é modelado por um intricado entrelaçamento de nossas experiências e nossa biologia cerebral.

A neuropsicologia se estabelecer como uma profissão formal ao longo dos anos é um marco que não pode ser ignorado. Em diversas partes do mundo, a área passou a exigir não só um conhecimento teórico robusto, mas também pernas firmes na prática. Esse reconhecimento foi, e ainda é, essencial para que os neuropsicólogos possam intervir de forma eficaz em condições variadas que afetam o funcionamento cognitivo e comportamental.

No Brasil, por exemplo, a formação em neuropsicologia exige que os profissionais tenham uma base sólida em psicologia, neurologia e áreas correlatas. Agressivos e empáticos, os neuropsicólogos atuam em ambientes clínicos, terapêuticos e educacionais, transferindo não apenas conhecimento, mas esperança e apoio aos pacientes. Nesse meio, o papel do profissional envolve desde a avaliação neuropsicológica até a reabilitação de pacientes que passaram por traumas, lesões ou que enfrentam dificuldades de aprendizagem.

O reconhecimento dessa especialidade em ambientes acadêmicos e profissionais fortalece a ponte entre pesquisa e prática. Cada vez mais, instituições de ensino têm ampliado seus currículos, permitindo que futuros profissionais adquiram as competências necessárias para lidar com os desafios da saúde mental e amplificando a importância da neuropsicologia na sociedade. Este campo, ao mesmo tempo técnico e humano, exige que o neuropsicólogo compreenda as sinfonias complexas que compõem a mente e o cérebro, sendo essencial na formatação de estratégias que visem não apenas à sobrevivência, mas à prosperidade do ser humano em sua totalidade.

Os desafios enfrentados pelos neuropsicólogos hoje são muitos e variam desde a compressão das novas exigências acadêmicas até a adaptação nas práticas clínicas. A tecnologia, por exemplo, se apresenta como uma arma poderosa, ao mesmo tempo que gera novas demandas. Ferramentas como a ressonância magnética funcional e outros avançados métodos de neuroimagem exigem que os profissionais estejam constantemente atualizados, não só quanto à aplicação técnica, mas também no que se refere à compreensão de suas implicações éticas e sociais.

Essa revisão contínua dos métodos e abordagens é vital diante da rápida evolução do conhecimento humano. Estamos, afinal, em um mundo que nunca para de mudar. Novas descobertas na área da neurociência, as conexões que têm se mostrado entre diferentes domínios da psicologia e a promoção de uma visão holística do ser humano tornam a prática da neuropsicologia um campo dinâmico e altamente relevante.

Perspectivas futuras para a neuropsicologia também se desenham auspiciosas. À medida que a sociedade se torna cada vez mais receptiva à discussão sobre saúde mental, a necessidade de profissionais capacitados para atuar nesse espaço não só cresce, como se torna essencial. A busca por tratamentos eficazes e a integração deste conhecimento na educação e no cotidiano das pessoas é uma das missões mais desafiadoras que esses profissionais enfrentam.

O campo da neuropsicologia não é apenas um ramo dentro da psicologia; ele se integra à narrativa da luta pela saúde mental e pelo bem-estar da sociedade. Ao analisar a formação acadêmica e as competências exigidas, compreendemos que os neuropsicólogos têm o potencial de não apenas transformar vidas, mas de moldar a percepção coletiva sobre o que significa ser humano em um mundo ecossistêmico que exige cada vez mais de nós.

Com a solidificação dessa profissão e o reconhecimento da neuropsicologia como um campo vital na saúde mental, é evidente que estamos apenas no começo de uma jornada de descobertas. O convite está lançado: junte-se a nós enquanto exploramos as complexidades e maravilhas da mente humana por meio da neuropsicologia, numa travessia que irá interligar ciência, comportamento e as histórias que habitam cada um de nós.

CAPÍTULO 2: FUNDAMENTOS TEÓRICOS DA NEUROPSICOLOGIA

ESTRUTURA E FUNÇÃO DO CÉREBRO

Adentrar no universo da neuropsicologia é, acima de tudo, conectar-se ao fascinante labirinto de estruturas que constituem o cérebro humano. A anatomia cerebral, rica e intrincada, divide-se em diferentes regiões, cada uma desempenhando um papel exclusivo em nossas vidas, desde a cognição mais simples aos sentimentos mais profundos. Imagine o cérebro como uma orquestra, onde cada parte precisa dispor não apenas de talento individual, mas de harmonia com as demais para criar a sinfonia complexa que é a experiência humana.

A primeira seção desse concerto colossal é o córtex cerebral, revestido como um manto, que abriga áreas cruciais para funções cognitivas como pensamento, linguagem e, claro, a nossa personalidade. O córtex se bifurca em lobos, sendo o lobo frontal responsável pelo planejamento, tomada de decisões e controle inibitório — funções que nos tornam, de certo modo, humanos. Ao lado dele, encontra-se o lobo temporal, onde reside a famosa área de Wernicke, especializada na compreensão da linguagem. Que importância isso tem, não é mesmo? Quando conversamos, é essa região que nos ajuda a entender as palavras e construções que fluem de outros, e até mesmo as nossas próprias reflexões.

Por outro lado, o cerebelo, que pode parecer uma estrutura menor, tem um papel vital na coordenação motora e no equilíbrio, como se fosse o maestro da nossa orquestra, ajustando cada movimento para garantir que a música – nossa vida – flua com suavidade. E não podemos esquecer do tronco encefálico, a parte mais primitiva de nosso cérebro, que controla funções automáticas

As doenças neurodegenerativas avançam, a vida pessoal dos indivíduos afetados enfrenta desafios notáveis que, muitas vezes, se estendem para suas famílias. Entre as condições mais prevalentes, o Alzheimer se destaca, caracterizado por um insidioso declínio cognitivo que não apenas afeta a memória, mas por fim, as funções básicas do cotidiano. À medida que a doença progride, o impacto na qualidade de vida é inegável. Agressões à identidade, à segurança emocional e a capacidade funcional transformam não apenas a experiência individual, mas também a dinâmica familiar, exigindo um suporte emocional profundo e estratégias adaptativas para enfrentar essas transições difíceis.

No caso de Maria, por exemplo, uma senhora que foi um pilar de força e sabedoria para sua família, o diagnóstico de Alzheimer trouxe novas e desafiadoras realidades. Antes sempre cheia de energia e disposição para partilhar histórias de sua juventude, Maria rapidamente começou a mostrar sinais de esquecimentos frequentes e confusões que, embora sutis no início, levaram a um estigma doloroso e ao receio no olhar dos familiares. O que antes eram conversas alegres se tornaram breves diálogos tocantes, onde aqueles que a amavam experimentaram a triste realidade da perda gradual de suas lembranças.

Durante essas visitas semanais, a equipe neuropsicológica se envolveu com Maria e sua família, conduzindo avaliações que foram muito além de simples testes de memória; essas consultas foram oportunidades de empoderamento. A neuropsicóloga, ao perceber o amor que Maria carregava por suas origens, decidiu integrar elementos de sua história às atividades reabilitativas. Conversar sobre suas receitas favoritas e lembrar de suas danças na juventude não apenas iluminou seu semblante, mas também resgatou fragmentos de sua essência. Isso demonstra que, apesar da luta contínua contra a doença, a conexão com sua narrativa pessoal pode ser um suporte vital, mantendo acesa a chama da identidade.

A reabilitação cognitiva, então, se revela não apenas como uma série de exercícios, mas como um meio de resgatar a dignidade e a humanidade de cada paciente—um processo profundamente personalizado que deve levar em conta as singularidades de cada indivíduo. A equipe de saúde transformou as consultas em momentos de celebração das pequenas vitórias, seja ao recordar o nome de um neto ou ao conseguir cozinhar uma receita sob supervisão. Esses elementos tornam-se reforços importantes na busca pela autoestima e pela autonomia que todos desejamos.

Por outro lado, a abordagem com os familiares de Maria demonstrou-se igualmente impactante. A psicoeducação se torna um aliado fundamental para esclarecer a eles o que significa viver com uma condição neurodegenerativa. Através de encontros onde compartilhar experiências e escutar histórias de outros cuidadores, a família de Maria não apenas encontrou um espaço seguro de desabafos, mas também ferramentas eficazes de comunicação e apoio, fortalecendo o vínculo entre eles. A equipe enfatizou a importância do autocuidado para os cuidadores, para que pudessem renovar suas forças e resiliência no cotidiano.

Assim, embora os efeitos das doenças neurodegenerativas ofereçam um cenário desafiador, eles também trazem à tona uma oportunidade de redescobrir a dinâmica das relações, ser proativo na criação de espaços de conversa e profundidade emocional que, mesmo nas dificuldades, podem construir uma narrativa de esperança e amor. Portanto, o papel do neuropsicólogo se expande à medida que abordamos as nuances do cuidado—tornar-se um mediador entre memorias e novas aprendizagens, transformando cada sessão em um espaço de resgate das histórias que realmente importam e que formam a base de quem somos.

As condições psiquiátricas se entrelaçam de forma intrínseca com o campo da neuropsicologia, revelando uma vastidão de interações que, ao longo do tempo, têm sido cada vez mais reconhecidas por clínicos e pesquisadores. Uma das questões primordiais é compreender como distúrbios como a depressão, ansiedade e esquizofrenia não são meros eventos isolados, mas complexos fenómenos que emanam de um emaranhado de influências biológicas, psicológicas e sociais. A mente humana, com suas tensões e suas alegrias, é, inegavelmente, o maior campo de batalha a ser explorado na busca pela saúde mental.

A depressão, muitas vezes silenciosa, revela suas garras devagar, invadindo o cotidiano de formas sutis. Dificilmente se limita a uma mera tristeza. Os neuropsicólogos observam que essa condição pode manifestar-se também como uma dificuldade em concentrar-se e em tomar decisões, produzindo um estado de desesperança que imobiliza o indivíduo. Para Mariana, uma jovem universitária, a distinção entre a vida antes e depois da depressão foi profunda. Como estudante dedicada, ela viu sua performance acadêmica e suas relações interpessoais afundarem, sutilmente, em uma espiral de negatividade. O que antes eram convites regulares para festas e encontros com amigos tornaram-se uma lembrança amarga, relegada ao fundo de sua mente.

A abordagem neuropsicológica para esses casos é multifacetada. Métodos de intervenção, como a terapia cognitivo-comportamental, têm mostrado eficácia significativa. Essa tarefa envolve reconstruir pensamentos distorcidos e ensinar à pessoa novas formas de interação com o mundo ao seu redor. Mariana, por exemplo, foi acompanhada por uma equipe que utilizou estratégias centradas no desenvolvimento de habilidades sociais. As sessões se tornaram um espaço seguro para explorar seus medos e inseguranças, ajudando não apenas a emergir de seu estado depressivo, mas a redescobrir a si mesma. Um dos marcos de sua recuperação aconteceu quando ela aceitou um convite para uma reunião de amigos que, apesar do seu receio, se transformou em um momento de celebração. "Eu não sabia se conseguiria ir, mas ao ver os rostos conhecidos, algo dentro de mim se aqueceu", compartilhou, a emoção transparecendo.

A ansiedade, por sua vez, frequentemente mascara-se em manifestações físicas que podem ser avassaladoras, como palpitações e falta de ar. Lucas, um trabalhador incansável, começou a perceber que sua vida tornava-se um ciclo de preocupações sem fim. Ele não apenas tinha dificuldade em relaxar, como sentia que seus colegas olhavam para ele com um misto de curiosidade e preocupação. Por meio de avaliações neuropsicológicas, sua equipe detectou a necessidade de intervenções práticas que pudessem desafiar o ciclo vicioso de dor emocional. Assim, Lucas participou de um programa de reabilitação que incluía práticas de mindfulness e técnicas de respiração, que permitiam não só a contenção da ansiedade, mas também a construção de um espaço interno de calma e reflexão. "Aprender a respirar conscientemente me deu uma liberdade que eu nunca soube que existia", afirmou, ao perceber que a pressão das expectativas poderia ser gerida.

Talvez uma das condições psiquiátricas mais desafiadoras seja a esquizofrenia. Caracterizada por sintomas como alucinações e delírios, a esquizofrenia exige uma abordagem cautelosa e abrangente. A narrativa de André, que desde cedo lutou contra essa condição, destaca o papel crucial da intervenção neuropsicológica. A equipe que o acompanhou não se limitou a tratar os sintomas, mas apresentou a André uma nova forma de se relacionar com o mundo. Através de jogos de realidade virtual e simulações que contextualizavam suas experiências, André ganhou ferramentas para reconhecer e diferenciar suas percepções da realidade. "Foi uma revolução", comentou, ao considerar essa experiência como uma ponte que o levou de um estado de isolamento a uma coletividade restauradora.

Os neuropsicólogos, portanto, têm a seu dispor uma vasta gama de métodos e intervenções que se entrelaçam na recuperação de cada paciente. A eficácia dessas abordagens reside tanto em compreender a singularidade de cada história, como na constante adaptação das técnicas às necessidades do momento. Como profissionais dedicados à transformação de vidas, cada dia é uma nova oportunidade para, juntos, construir caminhos que favoreçam o equilíbrio emocional e a saúde mental. É nesse cruzamento entre psiquiatria e neuropsicologia que reside a verdadeira força da reabilitação — uma sinfonia de esperanças, de experiências e, acima de tudo, de humanidade.

A Interdisciplinaridade se destaca como uma essência vital na prática neuropsicológica, formando um verdadeiro elo entre diferentes áreas da saúde. Esse entrelaçamento produtivo não é apenas desejável, mas indispensável para garantir que cada paciente receba um cuidado integral e centrado em suas necessidades específicas e contextos de vida. Num ambiente onde as condições neuropsicológicas frequentemente coexistem com questões médicas, fisioterapia e terapia ocupacional, a colaboração mútua entre profissionais propicia uma visão abrangente das situações envolvidas.

Tomemos como exemplo a experiência de Ana, uma paciente que lutou contra os efeitos residual de um AVC. Através de um trabalho conjunto entre o neuropsicólogo, o fisioterapeuta e o terapeuta ocupacional, a equipe foi capaz de mapear não apenas as limitações físicas de Ana, mas também suas dificuldades emocionais e cognitivas. Isso permitiu o desenvolvimento de um plano de intervenção coerente que englobava exercícios físicos voltados à reabilitação motora, ao mesmo tempo em que oferecia suporte emocional necessário para suas inseguranças. Essa sinergia não só facilitou avanços em sua recuperação, mas também restaurou um sentimento de autonomia e dignidade, tão essenciais para a sua qualidade de vida.

A troca de conhecimentos e experiências transforma cada sessão de terapia em um espaço fértil para aprendizado e inovação. Num mundo repleto de evidências científicas, a interdisciplinaridade com outras especialidades permite que neuropsicólogos estejam sempre atualizados e adaptando suas práticas. Por exemplo, a integração de conceitos de nutrição e sono na abordagem neuropsicológica abre portas para a compreensão de como hábitos cotidianos impactam no funcionamento cognitivo e emocional. Ao estar ciente desses fatores, um profissional pode prestar um atendimento que ultrapassa as limitações comuns das intervenções tradicionais.

Enquanto a intersecção entre as disciplinas se expande, os desafios não são sutis. É necessária, frequentemente, uma comunicação eficaz e a criação de um protocolo bem definido para que cada membro da equipe entenda claramente seu papel e as expectativas de cada intervenção. Reuniões regulares, onde são discutidos os progressos e os obstáculos enfrentados pelo paciente, são fundamentais para garantir que o processo de reabilitação esteja sempre alinhado com os objetivos traçados e que todos trabalhem em sintonia, como uma orquestra.

O futuro da neuropsicologia parece promissor, cercado de possibilidades que, quando moldadas pela força da colaboração, ampliam as opções de intervenção e os horizontes do cuidado. Ao olharmos adiante, somos desafiados a continuar explorando as fronteiras do conhecimento, sempre dispostos a aprender e a aplicar novas abordagens que, juntos, possam oferecer um cuidado mais eficaz e mais humano aos pacientes que confiam em nós a responsabilidade pela sua recuperação e pelo resgate de suas vidas.

O importante é que no campo da neuropsicologia, essa troca de saberes nunca seja aceita como uma mera formalidade. Tornar-se um líder no cuidado neuropsicológico exige um coração aberto para trabalhar em parceria, cultivando a empatia e a compreensão como guias. Cada colaboração se transforma numa receita de sucesso, um eco dos bons resultados que podem ser alcançados através de um olhar coletivo voltado para o bem-estar dos pacientes. O amanhã é um reflexo da dedicação e do trabalho em equipe que investimos hoje, e a interdisciplinaridade se impõe como a ponte para um cuidado verdadeiramente transformador.

CAPÍTULO 8: APLICAÇÕES EDUCACIONAIS DA NEUROPSICOLOGIA

A neuropsicologia, mais do que um campo de study, é uma chave que pode abrir portas para novas possibilidades educacionais. Nas últimas décadas, seu papel no contexto escolar se tornou cada vez mais relevante, destacando a intersecção entre o funcionamento cerebral e as práticas pedagógicas. Ao mergulhar nessa complexa rede de interações, fica evidente que entender as nuances das funções cerebrais pode melhorar não apenas a sua qualidade de ensino, mas as experiências de aprendizagem de cada aluno.

Quando se fala em educação, a singularidade de cada indivíduo deve ser um mantra. As avaliações neuropsicológicas emergem como ferramentas valiosas nesse processo; por meio delas, é possível identificar aprendizes que enfrentam dificuldades. Um diagnóstico certeiro pode fazer toda a diferença na trajetória escolar de um estudante, permitindo que intervenções personalizadas que enfoquem suas necessidades específicas sejam implementadas. Por exemplo, imagine uma sala de aula onde cada aluno, fortemente apoiado por intervenções baseadas na neuropsicologia, desenvolve um potencial imensurável — isso não é apenas um sonho, mas sim a promessa de um futuro educacional revolucionário.

As salas de aula, muitas vezes, representam um microcosmos das dificuldades enfrentadas por diversos indivíduos. Suponha que uma jovem, Ana, sempre sonhou em ler um livro inteiro sozinha, mas sentia que sua mente a traía. Cada palavra parecia uma montanha a ser escalada. Avaliações precisas revelaram que Ana enfrentava uma leve dislexia. Em vez de ser rotulada como "preguiçosa" ou "desinteressada", os educadores foram armados com informações que lhes permitiram adaptar o material didático. Isso não apenas restabeleceu a confiança de Ana, mas também a abriu para o prazer da leitura, transformando uma barreira em uma ponte para novas descobertas.

A verdadeira beleza da neuropsicologia no âmbito educacional reside na sua capacidade de inteirar-se da vida cotidiana de cada aluno. Nesse sentido, a colaboração entre neuropsicólogos, educadores, e outros profissionais é essencial para a criação de um ambiente onde as especificidades de evolução de cada um sejam respeitadas e nutridas. É uma dança cuidadosa, onde o que importa não é apenas a eficiência dos métodos, mas a humanização deste processo — tratar cada estudante com a dignidade que merece e guiá-lo em sua jornada única.

Assim, a neuropsicologia surge como um farol, iluminando caminhos antes obscuros na educação atual. As práticas pedagógicas, informadas por avaliações e intervenções neuropsicológicas, podem ser moldadas para oferecer a cada aluno a chance de não apenas aprender, mas desabrochar em sua plenitude. Este é o futuro que exploraremos neste capítulo: como a neuropsicologia, ao interagir com o ambiente escolar, não apenas ajuda a superar dificuldades, mas também potencializa habilidades, criando uma rede de suporte que transforma o cenário educacional em um espaço de inclusão, descoberta e evolução contínua.

Dificuldades de Aprendizagem e Intervenções Neuropsicológicas

Embora o ambiente escolar deva sempre ser um espaço de acolhimento e crescimento, as dificuldades de aprendizagem muitas vezes se tornam barreiras invisíveis que comprometem o desenvolvimento dos alunos. Tais desafios podem manifestar-se de diversas maneiras, sendo a dislexia e o transtorno do déficit de atenção com hiperatividade (TDAH) alguns dos mais comuns. A compreensão desses distúrbios vai além das paredes da sala de aula, exigindo um olhar atento que considere tanto os aspectos cognitivos quanto emocionais.

A história de Lucas exemplifica a complexidade do assunto. Antes um aluno entusiasmado e participativo em aulas de ciências, sua performance começou a desmoronar gradualmente. Os professores notavam a queda nas notas e a dificuldade em acompanhar as atividades. Uma avaliação neuropsicológica detalhada revelou que Lucas apresentava dislexia, o que dificultava não apenas a leitura fluente, mas também a construção de frases coerentes nas produções textuais. Em vez de empreender uma condenação à sua capacidade, o suporte chegou em um momento decisivo.

Uma vez filtradas as informações, as intervenções práticas começaram a ganhar forma. Os neuropsicólogos trabalharam ao lado dos educadores para reestruturar o material didático, introduzindo abordagens diferenciadas, como o uso de audiobooks e software educativos interativos. O objetivo era simples: fazer com que Lucas se sentisse novamente parte do aprendizado, não um outsider preso entre letras desfocadas.

As reuniões frequentes entre a família e a equipe educacional foram cruciais. Isso não apenas proporcionou um espaço para que Lucas falasse sobre suas frustrações, mas também deu voz a sua mãe, que compartilhava as inseguranças que pairavam sobre eles. "Ele apenas queria ser como os outros e correr livremente entre os livros", disse ela, com lágrimas nos olhos, numa sessão de acompanhamento. Esse estreitamento de laços começou a gerar um impacto positivo: Lucas começou a experimentar pequenas vitórias que o catapultaram em direção à sua autoconfiança perdida.

O papel do neuropsicólogo neste processo continuou a se desdobrar, incluindo o ensino de técnicas de manejo de tempo e estratégias de organização pessoal. Esses elementos se tornaram vitais, não apenas para ajudar Lucas a lidar com seu diagnóstico, mas também para ensiná-lo a olhar para a aprendizagem de uma forma mais ampla, como um quadro a ser preenchido, independente de qual técnica fosse utilizada. "Aprender a sistematizar meu tempo fez toda a diferença", comentou Lucas em uma de suas consultas. Essa transformação era visível não só em suas notas, mas também em seu semblante: um jovem que finalmente retoma as rédeas de sua própria educação.

Mas as dificuldades de aprendizagem não se limitam ao ambiente da dislexia – o TDAH apresenta seus próprios desafios, frequentemente levando à desatenção e impulsividade. O testemunho de Juliana, uma estudante que frequentemente se via lutando contra sua mente enérgica, ilustra bem essa situação. Embora criativa e cheia de ideias, ela enfrentava um enorme embaraço ao tentar ficar concentrada em uma aula tradicional. Após uma avaliação neuropsicológica que confirmou o diagnóstico de TDAH, foram necessárias intervenções criativas para envolvê-la.

As técnicas neuropsicológicas implementadas incluíam métodos de ensino interativo, tais como o uso de jogos educativos e aprendizados em grupo. Isso não apenas capturou a atenção de Juliana, mas também acabou criando um espaço colaborativo onde ela pudo florescer. As sessões de terapia focadas na regulação emocional ajudaram-na a identificar suas emoções, dando-lhe ferramentas de autoconhecimento que a guiaram em momentos de dificuldade.

No entanto, é importante ressaltar que a verdadeira força dessas intervenções não está apenas nas técnicas utilizadas, mas na contínua colaboração entre neuropsicólogos, educadores e familiares. A formação de equipes multidisciplinares com o objetivo de oferecer uma rede robusta de apoio deve ser uma prioridade nas instituições educacionais. A inclusão de todos os envolvidos em momentos de reflexão sobre as dificuldades enfrentadas, as estratégias que funcionaram e as que ainda precisam de ajustes, transforma a jornada educativa em um caminho de crescimento coletivo.

Ao final, o impacto das intervenções neuropsicológicas nas dificuldades de aprendizagem vai muito além das notas e das avaliações — é uma revolução silenciosa que resgata a essência do aprender. Cada vitória, por menor que seja, ressoa na narrativa de cada aluno, e a neuropsicologia se torna não apenas uma ferramenta de intervenção, mas uma ponte que conecta desafios e superações. الطب

A experiência, dignidade e esperanças de alunos como Lucas e Juliana não são apenas histórias de sucesso individual; elas se tornam peças essenciais na construção de um sistema educacional mais inclusivo e consciente das nuances de todo o fluxo da aprendizagem.

A inclusão escolar é um direito fundamental, e a neuropsicologia desempenha um papel crucial nesse cenário, pois permite a construção de um ambiente onde cada aluno, independente de suas dificuldades, possa encontrar seu lugar. A verdade é que cada estudante traz consigo uma história única, e essa diversidade deve ser celebrada e respeitada. Uma educação inclusiva não é apenas uma responsabilidade dos educadores, mas de toda a comunidade escolar. Assim, é vital que haja um diálogo constante entre os neuropsicólogos e os docentes, potencializando cada experiência de aprendizado com técnicas adaptadas.

Um exemplo inspirador dessa colaboração se deu na escola da Lua, uma adolescente que enfrentava um diagnóstico de TDAH. No início, os professores notavam que Lua se distrai facilmente durante as aulas, frequentemente saindo do foco e deixando de concluir tarefas. O que parecia ser apenas uma falta de atenção descarregava uma série de frustrações. Com o apoio das avaliações neuropsicológicas, identificou-se que, embora sua capacidade de concentração fosse um desafio, suas habilidades criativas estavam acima da média. Isso fez toda a diferença na abordagem com que a equipe pedagógica decidiu trabalhar com ela.

Em vez de restringir seus impulsos criativos, os professores, orientados pela equipe de neuropsicologia, desenvolveu um plano de ensino que integrava suas paixões com as disciplinas escolares. Para cada projeto, foi introduzida uma parte criativa — como fazer apresentações em cartazes, vídeos ou mesmo encenações sobre os temas de história e ciências. O resultado foi um crescimento exponencial na autoestima de Lua, que deixava as aulas não mais como um fardo, mas como uma oportunidade de mostrar ao mundo suas ideias brilhantes.

Além disso, a formação dos educadores sobre como lidar com alunos com necessidades especiais não deve ser uma exceção. Cada professor deve ser capacitado para identificar e atender tanto as dificuldades acadêmicas quanto emocionais. Isso se traduz em um ambiente onde a empatia é a norma. Criar um espaço seguro como este melhora não apenas a vida dos alunos, mas fortalece a comunidade escolar como um todo. Um ambiente onde cada voz é ouvida exerce um impacto profundo no aprendizado.

Nas histórias de successos educacionais onde a neuropsicologia esteve presente como conciliadora, vemos transformações significativas. Histórias como a de Pedro, um jovem com dislexia, mostram como intervenções bem estruturadas podem mudar não apenas o percurso acadêmico, mas promover o desenvolvimento pessoal. Com medidas adaptativas, como leitura em voz alta e uso de software assistivo, Pedro não só conseguiu melhorar sua performance escolar, como também se tornou um defensor da causa dos alunos com dificuldades de aprendizagem. Seu testemunho sobre a luta e a superação ressoou em outros jovens, fervendo um desejo por inclusão e aceitação dentro da escola.

Portanto, as práticas neuropsicológicas avançadas no campo da educação não apenas suportam a aprendizagem, mas também promovem a formação do caráter, da resiliência e da confiança dos alunos. Criar espaços inclusivos é um convite para todos – estudantes, educadores e a comunidade – se engajarem em construir um futuro onde a singularidade de cada um seja reconhecida como uma riqueza a ser celebrada. O papel da neuropsicologia nesse processo não se limita à avaliação: ela é, indiscutivelmente, um dos pilares que sustentam a expansão dos horizontes educativos e a eficácia do ensino. Isso demonstra que todos têm uma contribuição valiosa nesse vasto território que é o conhecimento, claro, desde que sejam dadas as oportunidades adequadas.

No entanto, o futuro da neuropsicologia educacional é promissor, à medida que novas tecnologias emergem e várias práticas baseadas em evidências são constantemente aprimoradas. Esse progresso torna-se uma oportunidade singular para integrar intervenções neuropsicológicas de maneira ainda mais eficaz nas escolas, permitindo um acompanhamento contínuo e significativo do desenvolvimento dos alunos.

A colaboração multidisciplinar é um dos pilares para que essa evolução aconteça. Neuropsicólogos, educadores, terapeutas ocupacionais, e profissionais da saúde devem, juntos, criar um ambiente em que as crianças possam prosperar. Em vez de uma abordagem isolada, a atuação em equipe permitirá a identificação precoce de dificuldades e a implementação de soluções inovadoras, potencializando o aprendizado e o bem-estar nas instituições educacionais.

Por exemplo, novas ferramentas tecnológicas, como aplicativos e softwares educacionais adaptativos, oferecem uma interação rica e dinâmica que se adapta au perfil de cada estudante. Isso não só ajuda a mensurar o progresso de forma precisa, mas também cria um ambiente justo, onde cada um pode trilhar seu caminho de aprendizado sem as limitações que muitas vezes enfrenta ao lado dos métodos tradicionais.

Um aspecto revolucionário que se aproxima são as técnicas de inteligência artificial, que, ao coletar dados de desempenho ao longo do tempo, podem sugerir intervenções personalizadas em tempo real. Imagine uma escola em que cada aluno, com uma necessidade especial, seja apoiado numa base diária, com orientações claras e adaptadas ao seu ritmo — um verdadeiro santuário de aprendizagem que respeita as capacidades e potencialidades de cada um.

Nesta nova era, o papel do neuropsicólogo se transforma, transcendendo os limites das avaliações e intervenções pontuais. Passa a incluir-se como um conselheiro estratégico, contribuindo ativamente na formulação de políticas educacionais que priorizem a saúde mental e o suporte emocional. Em vez de agir apenas na identificação de disfunções ou dificuldades, o neuropsicólogo assume a posição de educador, formando uma rede de criação e comunicação que melhor orienta o desenvolvimento do aluno — tanto do ponto de vista cognitivo quanto emocional.

Assim, o chamado à ação se estende para além das paredes das salas de aula. Educadores e neuropsicólogos devem unir suas vozes para advocacy e por políticas públicas que valorizem a neuropsicologia na educação. É necessário defender a inclusão dessas práticas nos currículos docentes e promulgar a importância de ambientes que sustentem a aprendizagem baseada na compreensão das necessidades individuais de cada estudante.

Com um comprometimento renovado e uma visão compartilhada, podemos, então, não apenas sonhar com um sistema educacional mais inclusivo e sustentado por práticas neuropsicológicas, mas também começar a executá-lo de forma eficaz. Quando neuropsicologia, educação e a paixão por promover a mudança se encontram, temos a chance de moldar um futuro onde cada aluno, independente de suas dificuldades ou peculiaridades, possa se erguer e brilhar em todo seu esplendor.

CAPÍTULO 9: ÉTICA E NEUROPSICOLOGIA

É um fato inegável: a ética é o alicerce que sustenta a prática da neuropsicologia. Ao adentrarmos neste capítulo, propomo-nos explorar as complexidades que cercam a atuação do neuropsicólogo, destacando a relevância de princípios éticos que guiam nossas ações e decisões. A neuropsicologia não é apenas uma prática técnica; ela envolve o ser humano em sua totalidade, fortemente conectada com questões de dignidade, respeito e cuidado.

O conceito de ética na neuropsicologia imerge num mar de responsabilidades e reflexões. Não se trata simplesmente de seguir um conjunto de normas, mas de compreender profundamente o impacto que nossas decisões têm na vida dos pacientes. O exercício da neuropsicologia exige, antes de tudo, um compromisso com o bem-estar do indivíduo, e esse compromisso é verdadeiramente evidenciado na prática do consentimento informado e na preservação da confidencialidade. Essas não são meras formalidades; são garantias que protegem a dignidade do paciente, assegurando que ele tenha o poder de decidir sobre sua própria jornada de tratamento.

Quando pensamos no consentimento informado, é vital que a comunicação seja clara e acessível. Imagina-se a história de Júlia, uma jovem que, após diversas avaliações, teve que se submeter a testes neuropsicológicos. Júlia estava assustada, cercada por termos técnicos que pareciam aliená-la de sua própria condição. Entretanto, seu neuropsicólogo, comprometido com a ética, não apenas forneceu as informações necessárias, mas fez isso de uma forma que ela pudesse compreender e assimilar, assegurando que ela estivesse verdadeiramente participando do processo. "Me senti parte do meu tratamento", diria depois, com um sorriso que refletia a empatia que recebeu.

Confidencialidade, por sua vez, é um princípio que não pode ser apenas mencionado em manuais; deve ser abraçado como um valor fundamental. A proteção das informações do paciente fortalece a relação de confiança que é absolutamente essencial. Se pensarmos na trajetória de Carlos, que enfrentava um diagnóstico relacionado a suas funções cognitivas, sua disposição em compartilhar sua história foi intimamente vinculada à certeza de que suas informações estavam seguras. Ao preservar a confidencialidade, o neuropsicólogo não apenas respeita a privacidade dele, mas também se torna um defensor da sua dignidade e autonomia.

À luz das diretrizes éticas, o neuropsicólogo deve navegar por um mar de dilemas que, muitas vezes, podem emergir em práticas diárias. É nesse território que a ética transforma-se em um guia que ilumina decisões complexas. Por exemplo, casos onde o consentimento obtido de um paciente pode ser questionável, levando à reflexão sobre sua validade e implicações. Portanto, não estamos lidando apenas com técnicas; estamos lidando com vidas humanas. Um momento de hesitação ou uma decisão errônea pode ter repercussões sérias, e portanto, a ética deve sempre estar em primeiro plano na tomada de decisão do neuropsicólogo.

Avançando, as práticas éticas na pesquisa neuropsicológica não podem ser negligenciadas. Os estudos que buscam avançar nosso entendimento sobre as interações complexas entre o cérebro e o comportamento devem sempre priorizar o respeito e a proteção dos participantes. É preciso garantir que as pesquisas sejam conduzidas de maneira a ressaltar a dignidade do indivíduo, minimizando riscos e assegurando que o consentimento informado seja respeitado em todos os níveis. O impacto de uma pesquisa ética é imensurável, não apenas para o campo da neuropsicologia, mas para a confiança que a sociedade deposita na ciência.

À medida que olhamos para o futuro da neuropsicologia, nos deparamos com novos desafios que invadem a esfera ética. A ascensão das tecnologias digitais e o uso da inteligência artificial nas avaliações obrigam os profissionais a refletirem sobre questões como privacidade de dados e o impacto que essas tecnologias têm sobre o consentimento informado. É um convite a não apenas adaptar-se, mas também a questionar como essas ferramentas estão moldando a forma como interagimos com nossos pacientes. Nos próximos anos, a capacidade de agir com ética em um cenário em rápida mudança será, sem dúvida, um dos maiores desafios enfrentados pelos neuropsicólogos.

Assim, nossa jornada através da ética na neuropsicologia é mais do que um mero exame de diretrizes e regulamentos; é um chamado à ação. É uma convocação para que cada neuropsicólogo se torne um defensor não apenas da ciência, mas do essencial ser humano que está à sua frente. Cada decisão, cada interação, cada pequeno gesto, quando enraizados em princípios éticos sólidos, podem transformar vidas, acolhendo e garantindo um futuro onde a neuropsicologia brilha como um farol de esperança e cuidado.

Quando adentramos no dia a dia da prática neuropsicológica, as emoções e os dilemas éticos surgem como companheiros constantes das jornadas profissionais. A presença de situações que demandam decisão ressalta a importância de uma formação ética sólida. Cada encontro com um paciente não é apenas técnico; é uma troca humana, onde a fragilidade se entrelaça com a esperança. Neste cenário, as práticas éticas se tornam o chão que sustenta essa caminhada.

Ao abordar a prática diária, logo percebemos que o consentimento informado não é apenas uma formalidade. É um ato que empodera o paciente, respeitando sua capacidade de escolher e participar ativamente do seu tratamento. O neuropsicólogo Carlos, por exemplo, sempre se esforçou para que seus pacientes não apenas assinassem documentos, mas que realmente entendesse o que isso significava. Em uma sessão com Laura, embora a linguagem técnica e o jargão fossem convidativos à confusão, Carlos a guiou pacientemente por cada termo. "Eu queria saber o que estava entrando na minha cabeça", Laura confessou mais tarde, com gratidão evidenciada em seus olhos.

A conservação da confidencialidade é igualmente crucial. Em uma situação impactante, Lucas, um estudante que frequenta as sessões de avaliação, começou a compartilhar um trauma que o impedia de avançar nos estudos. A confiança que ele depositou em Ana, sua neuropsicóloga, foi estabelecida não apenas por suas habilidades profissionais, mas pela promessa silenciosa de que os detalhes mais íntimos da sua vida estariam protegidos. "Saber que você guarda minhas histórias é como ter uma armadura", ele disse numa afirmação carregada de emoção. Essa certeza segura e respeitosa promove um espaço seguro para que histórias difíceis sejam contadas, permitindo que o processo terapêutico avance.

Dilemas éticos também podem surgir ao lidar com a minúcia nas práticas de avaliação. Certos testes podem sugerir diagnósticos que não abrangem a totalidade da experiência do paciente. O princípio da ética neste caso não apenas indica a realização do teste, mas um olhar que se estende até os recantos internos do paciente. É preciso saber que um resultado positivo em um diagnóstico não é uma etiqueta; é um convite à exploração das nuances do indivíduo naquela situação. A intersecção entre ciência e humanidade é uma dança delicada, onde o neuropsicólogo se torna tanto o artista quanto a obra.

Novas tecnologias impõem um novo conjunto de questões éticas. As ferramentas digitais que coletam dados cantam sua própria melodia, mas o neuropsicólogo tem o dever de tocar a canção do respeito ao cliente, da clareza e dos limites. A sofisticação técnica não pode mascarar a importância da relação segura entre terapeuta e paciente. "Sim, eu entendo que sou um número, mas não sou só isso", desabafou Mariana com um misto de força e vulnerabilidade. Essa necessidade de conectar a ciência com o calor humano seguirá sendo uma das grandes responsabilidades da profissão.

À medida que novas situações éticas emergem, a ética se caracteriza como um pilar fundamental nas interações humanas dentro da neuropsicologia. Capacitar os profissionais da área em diretrizes éticas não é apenas um requerimento; é um investimento no coração da prática. O que se busca não é a perfeição, mas a constante reflexão sobre como as ações diárias estão moldando vidas e construindo a ponte entre desafios e superações. Na aplicação prática, a ética traduz-se em respeito, confiança e, sobretudo, em um compromisso com o bem-estar do outro. Diariamente, neuropsicólogos são convidados a tecer esses valores na tapeçaria das vidas que tocam, lembrando-se de que cada interação pode transformar não apenas a mente, mas o próprio destino do ser humano que se encontra a sua frente.

A ética na neuropsicologia é uma responsabilidade que vai além dos livros e manuais; é um compromisso que delineia o comportamento ético de cada profissional no dia a dia. Adentrando neste terceiro bloco do capítulo 9, focamos nas práticas éticas que devem ser essenciais nas pesquisas envolvendo humanos, um aspecto que frequentemente é negligenciado em discussões superficiais sobre ética.

Ao se projetar uma pesquisa em neuropsicologia, cada passo deve ser guiado por normas de ética que garantam não apenas a integridade do estudo, mas também a proteção dos direitos dos participantes. Desde a concepção de um protocolo de pesquisa — que envolve múltiplas aprovações — é preciso ter em mente a relevância das diretrizes éticas, como as estipuladas pelo Banco de Dados de Ética em Pesquisa (BDPE) e o Conselho Nacional de Saúde.

Considere a pesquisa com participantes vulneráveis, como crianças ou indivíduos com transtornos mentais. Para garantir uma participação justa, é crucial conseguir um consentimento informado e claro, sendo este um dos pilares principais desse tipo de investigação. Um exemplo prático pode ser visto na história de um grupo de neuropsicólogos que, ao realizarem um estudo sobre o impacto das alternativas de ensino inclusivo em crianças com dificuldades de aprendizagem, tomaram todas as precauções necessárias.

Antes de iniciarem a coleta de dados, eles apresentaram um detalhado documento informativo aos pais, onde descreveram em linguagem acessível os objetivos do estudo, os possíveis riscos e benefícios, além de assegurar o direito de desistir da participação a qualquer momento. "Eu só deixei meu filho entrar porque entendi claramente o que iria acontecer", relatou a mãe de um dos participantes. Essa atitude não só respeitou o direito da família de ser informada, mas também construiu uma relação de confiança.

Em um dos encontros, um dos pais começou a expressar preocupações sobre a intervenção e seu impacto no desenvolvimento de seu filho. Ao invés de desconsiderar essas preocupações, os pesquisadores conduziram uma reunião aberta, integrando a voz da família no processo. Essa abordagem não só ajudou a acalmar as ansiedades, como também reforçou a necessidade de um diálogo contínuo. Quando as vozes são ouvidas, as pesquisas se tornam um pouco mais humanas — e isso é crucial.

Entretanto, a ética na pesquisa não se detém apenas na obtenção do consentimento ou no diálogo aberto. A integridade na coleta de dados também se impõe como uma obrigação inegociável. Em um estudo envolvendo técnicas de imagem do cérebro, abordar com precisão a análise dos dados é vital. Resultados forçados ou manipulados não apenas comprometem a credibilidade da pesquisa, mas também podem causar danos irreparáveis à população estudada. Portanto, a honestidade na apresentação dos achados é uma das bases que sustentam a ética na pesquisa neuropsicológica.

Diretrizes éticas também devem se estender à publicação dos resultados. A omissão de dados ou a apresentação de resultados de maneira enviesada pode levar a evidências distorcidas, impactando negativamente práticas futuras ou a interpretação de dados por outros profissionais. A responsabilidade de publicar de forma transparente deve ser vista como um dever inalienável, não apenas como uma formalidade acadêmica. Publicar resultados negativos, por exemplo, oferece um panorama mais verídico que pode beneficiar pesquisas futuras.

Ademais, com o advento das tecnologias digitais e o uso crescente da inteligência artificial nas avaliações, emergem novos desafios éticos. A privacidade dos dados dos participantes deve ser preservada antes, durante e após os estudos — uma questão que se torna ainda mais complexa quando lidamos com informações altamente sensíveis. Em uma era em que sobrecarregamos redes pela ato de coletar dados, a garantia de que esses dados não sejam mal utilizados marca a linha entre a ética e a intrusão.

Portanto, a responsabilidade ética na pesquisa neuropsicológica se destaca como um reflexo das crenças e valores da sociedade. Quando cada pesquisador decide praticar a ética no tratamento de participantes, eles não apenas respeitam os direitos dos indivíduos, mas também elevam a neuropsicologia a um padrão que trata os participantes como valiosos aliados no processo de descoberta de conhecimento. No final das contas, a ética é o que transforma dados em histórias, e todas as histórias merecem ser contadas com dignidade e respeito. À medida que olhamos para o futuro, unamo-nos para que as práticas éticas na pesquisa permaneçam como o pilar que sustenta não só a neuropsicologia, mas o bem-estar do ser humano como um todo.

Ao explorarmos a ética na neuropsicologia, nos deparamos com verdades fundamentais que moldam as práticas cotidianas de neuropsicólogos. A ética constitui-se a base sobre a qual cada profissional deve construir suas ações, interações e reflexões. Não se trata apenas de cumprir um conjunto de regras; é, na verdade, um compromisso intrínseco com o respeito à dignidade do ser humano e ao cuidado que devemos ter ao lidar com a complexidade de suas vidas.

O consentimento informado emerge como um tema central em qualquer abordagem ética. É crucial que o neuropsicólogo não apenas obtenha uma assinatura em um formulário, mas que envolva o paciente em um diálogo compreensível e acessível. Consideremos o caso de Sofia, uma mulher que se sentia perdida na confusão de diagnósticos e tratamentos. Antes de fazer qualquer teste, seu neuropsicólogo se certificou de explicar, com clareza, cada etapa do processo. "Parece tão simples agora, mas na época eu não entendia nada", refletiu Sofia, reconhecendo que essa clareza não apenas a tranquilizou, mas também a empoderou em sua jornada de tratamento. Isso é o que realmente significa consentimento informado: um diálogo que estabelece uma relação de parceria, não apenas de supervisão.

Outro pilar ético vital é a confidencialidade. Esse princípio garante que os pacientes sintam-se seguros para compartilhar suas histórias sem medo de que informações sensíveis possam ser divulgadas. Imaginem apenas o peso que Carlos carregava sobre seus ombros, lidando não apenas com sua dificuldade cognitiva, mas também com traumas antigos. Durante uma sessão, ele expôs seus medos, confiando em que suas histórias permaneceriam protegidas. "A confiança que coloco em você é a chave para eu me abrir", disse ele, com a voz embargada. A proteção dessas informações, portanto, não é apenas uma questão legal; é uma questão de dignidade e respeito pela experiência humana.

E assim chegamos ao cotidiano das práticas neuropsicológicas. Todos os dias, os profissionais de saúde se deparam com dilemas éticos que desafiam suas convicções e decisões. A ética não é uma solução prontamente disponível, mas sim uma luz que guia o profissional em caminhos repletos de incertezas. Um neuropsicólogo pode se encontrar em uma situação onde o consentimento informado do paciente é questionável: talvez a pessoa esteja sob grande estresse emocional ou não esteja em plenas faculdades mentais. O que deve ser feito neste caso? É aqui que o profissional deve refletir sobre as implicações que suas decisões têm na vida daquele paciente, transcender a técnica e olhar para a pessoa.

Nosso olhar se volta agora para a pesquisa em neuropsicologia, onde a ética assume um papel ainda mais complexo, especialmente quando se trata de investigadores em potencial. A condução de estudos requer não apenas rigor científico, mas um respeito profundo pelos direitos dos participantes. E a responsabilidade não termina quando a pesquisa é publicada; a reflexão sobre o impacto que esses estudos têm na vida das pessoas deve ser permanente. Cada resultado apresenta não apenas dados, mas histórias humanas que precisam ser respeitadas e valorizadas.

A tecnologia está aqui e avança com rapidez; assim, surgem novos desafios éticos. A utilização de inteligência artificial nas avaliações neuropsicológicas apresenta uma nova camada de responsabilidade. Como protege-se a privacidade dos dados e a integridade do consentimento informado em um ambiente digitalizado? A luta por um espaço ético à luz de inovações é um tema que exige não apenas respostas, mas um compromisso perpetuado por parte de toda a comunidade de neuropsicólogos.

Concluímos que a ética vai além de diretrizes e normatizações; é uma jornada contínua de aprendizado e evolução. O neuropsicólogo deve ser, antes de tudo, um defensor da dignidade humana, unindo-se ao paciente em uma relação de confiança mútua. E ao navegarmos esses rios tempestivos, devemos sempre lembrar que cada escolha ética é uma oportunidade de transformar vidas — a nossa, a do nosso paciente e, por extensão, a da sociedade como um todo. Que estejamos prontos para enfrentar os desafios, guiados não apenas pela razão, mas pela compaixão que define nossa prática.

CAPÍTULO 10: DESAFIOS E OPORTUNIDADES NA NEUROPSICOLOGIA

DESAFIOS ATUAIS NA NEUROPSICOLOGIA

Navegar pelos mares da neuropsicologia no cenário contemporâneo é como embarcar numa jornada repleta de desafios e, ao mesmo tempo, oportunidades indescritíveis. À medida que os profissionais da área se deparam com a realidade alarmante de desigualdades sociais na saúde, somos obrigados a refletir sobre as barreiras que se impõem a pacientes em busca de ajuda. Diante dessas realidades, a imprescindibilidade do acesso à assistência neuropsicológica desponta como um imperativo social.

Em regiões onde os serviços de saúde são extremamente limitados, histórias como a de Rafael, um jovem que lutou silenciosamente contra um quadro de transtorno de déficit de atenção, exemplificam a luta cotidiana enfrentada por muitos. Sem recursos para se consultar com um neuropsicólogo, seu potencial ficou adormecido e sua autoestima severamente comprometida. "Eu sentia que era invisível, como se não tivesse um lugar", desabafou Rafael, revelando a dor e o estigma que cercam a busca por tratamento em comunidades carentes. Conhecer sua história nos instiga a pensar: como garantir que mais Rafaeis tenham a oportunidade de brilhar?

Outro empecilho ao acesso adequado aos serviços neuropsicológicos é o estigma social associado à saúde mental. Esse estigma não apenas afasta as pessoas de procurarem ajuda, mas também perpetua mitos e preconceitos que dificultam a criação de um ambiente acolhedor e compreensivo. O relato de Ana, uma mulher de meia-idade que hesitou em procurar apoio neuropsicológico para lidar com ansiedade, exemplifica perfeitamente essa situação. "Eu tinha medo que as pessoas pensassem que era fraca, que não conseguia lidar com meus problemas", compartilhou Ana, ressaltando a necessidade urgente de quebrar barreiras e fomentar um diálogo aberto sobre saúde mental.

Além disso, a escassez de profissionais qualificados em determinadas regiões acarreta um desafio ainda mais profundo. Muitos neuropsicólogos estão concentrados em áreas urbanas, enquanto grandes extensões de áreas rurais carecem de atendimento. Nesse contexto, o enfrentamento das desigualdades socioeconômicas se torna crítico, e a construção de estratégias para garantir a distribuição equitativa dos serviços intensifica-se como uma alavanca de transformação social.

Em busca de mudanças, algumas iniciativas têm emergido, propondo soluções que minimizem as lacunas no acesso aos serviços. Projetos como teleterapia e grupos de apoio na comunidade têm se mostrado promissores, permitindo que pacientes tenham a oportunidade de conectar-se com profissionais, mesmo quando distantes geograficamente. Essas estratégias , porém, devem ser cuidadosamente implementadas, garantindo não apenas a eficácia, mas também a humanização no atendimento. Profissionais como Mariana, que desenvolve um programa de telepsicologia em sua instituição, testemunham o impacto positivo dessa abordagem. "Quando consigo ajudar alguém pela tela, me sinto realizada. É um desafio, mas é lindo", descreve, trazendo à luz a relevância de ampliar o acesso de forma inovadora.

A ética, tantas vezes discutida em contextos acadêmicos, deve ser vivenciada no dia a dia da prática neuropsicológica. A responsabilidade de cristalizar esses princípios não como formalidades, mas como compromissos genuínos, é o que permitirá transformar a realidade de milhares como Rafael e Ana.

Portanto, à medida que avançamos ao longo dos desafios da neuropsicologia contemporânea, devemos nos unir como profissionais e defensores da saúde mental, lutando contra desigualdades e estigmas que ainda persistem. Que cada relato de dor como o de Rafael nos fortaleça em nossa busca, e que cada superação, como a de Ana, inspire outros a buscar ajuda. É nesse emaranhado de histórias e anseios que desenhamos o futuro da neuropsicologia — um futuro que, sem dúvida, deve ser mais acessível, humano e justo.

As novas tecnologias estão moldando a neuropsicologia de maneira impressionante, abrindo portas para uma prática mais dinâmica e acessível. O uso de ferramentas digitais, entre as quais se destacam aplicativos de acompanhamento neuropsicológico e softwares de avaliação inteiramente automatizados, está mudando a forma como pacientes e profissionais interagem. Esses recursos tecnológicos não apenas tornam os diagnósticos mais precisos, mas também permitem um monitoramento cuidadoso do progresso do paciente.

Imagine, por exemplo, a experiência de Miguel, um jovem diagnosticado com um transtorno de ansiedade. Após iniciar seu tratamento, ele começou a usar um aplicativo que o ajudava a registrar seus níveis de estresse em tempo real. Todos os dias, Miguel acessava o app para registrar como se sentia e as situações que provocavam a ansiedade. À medida que o tempo passava, o neuropsicólogo pôde observar padrões e ajustar o tratamento com base nessa análise em tempo real. "Foi incrível ver a relação entre o que eu sentia e as atividades do dia a dia", compartilhou Miguel, com um brilho nos olhos. Esse tipo de feedback instantâneo não apenas facilita a compreensão do próprio comportamento pelo paciente, mas também potencializa a eficácia das intervenções feitas pelo profissional.

Além disso, a inteligência artificial começa a ser integrada nas avaliações neuropsicológicas, permitindo uma análise detalhada e muitas vezes mais objetiva. Ferramentas de aprendizado de máquina estão se mostrando valiosas para identificar dificuldades cognitivas, analisando vastos conjuntos de dados que um humano teria dificuldade em percorrer. Essa tecnologia não busca substituir o toque humano, mas sim enriquecer o trabalho do neuropsicólogo, proporcionando uma compreensão mais ampla das condições que podem dificultar o tratamento. "A tecnologia nunca deverá tomar o lugar do ser humano", enfatiza Luísa, uma neuropsicóloga que implemente essas novas soluções em sua clínica. "Ela é uma aliada, uma ferramenta poderosa que pode potencializar nossos esforços e expandir nossas capacidades".

Essa interseção entre inovação e prática clinica traz à tona novas oportunidades para desmistificar a neuropsicologia. Com o aumento do uso das tecnologias digitais, a neuropsicologia está se tornando mais acessível, principalmente em áreas onde os serviços de saúde tradicionais são limitados. A telepsicologia, por exemplo, conseguiu superar barreiras geográficas, permitindo que indivíduos em locais remotos tenham acesso ao suporte necessário sem a necessidade de deslocamento. O relato de Flor, uma mulher que reside em uma comunidade rural, ilustra bem isso. "Antes, eu precisava viajar horas para obter uma consulta; agora, posso fazer tudo do conforto da minha casa", contou, enfatizando não apenas a conveniência, mas a importância de se sentir cuidada e ouvida.

Entretanto, com essas novas possibilidades, surgem questões éticas que não podem ser ignoradas. Como garantir a privacidade dos dados em um mundo onde a informação é acessada a um clique? Como assegurar que as tecnologias implementadas respeitem o consentimento informado? A implementação de protocolos rigorosos e transparência na utilização das informações é fundamental para preservar a confiança existente entre profissional e paciente.

Seguindo em frente, está claro que o impacto das novas tecnologias na neuropsicologia é profundo e multifacetado. Elas não só ajudam a democratizar o acesso a tratamentos de qualidade, mas também transformam a experiência tanto do profissional quanto do paciente, tornando-a mais interativa e adaptada às necessidades individuais. Em última análise, ao abraçar essas inovações com responsabilidade ética, a neuropsicologia expande seu horizonte, abrindo um leque de possibilidades que tornam a prática mais eficiente e humana. A jornada da neuropsicologia na era digital promete ser não apenas emocionante, mas também transformadora, refletindo um compromisso contínuo com o bem-estar do ser humano e sua complexidade emocional.

Oportunidades de crescimento profissional emergem com grande intensidade no domínio da neuropsicologia, revelando-se como uma luz que orienta os profissionais verdadeiramente dedicados ao avanço da saúde mental e à promoção do bem-estar dos pacientes. Neste contexto dinâmico e em constante evolução, a busca pela formação contínua torna-se imprescindível. Cursos de especialização, seminários e conferências não são apenas incrementos ao currículo; eles representam o caminho para que neuropsicólogos aprimorem suas habilidades, ampliem seus horizontes e se conectem com inovações que podem transformar sua prática diária.

Uma prova viva dessa transformação é a história de Pedro, um neuropsicólogo que, após participar de um workshop sobre aplicações da neurociência na educação, voltou repleto de ideias novas. A experiência não só lhe trouxe um novo entendimento sobre as dificuldades de aprendizado em crianças, mas lhe proporcionou ferramentas práticas que imediatamente implementou em sua clínica. "Foi como abrir uma porta que esteve trancada por anos. Agora, consigo ajudar meus pequenos pacientes de uma maneira que antes eu não imaginava," ensina Pedro, em uma conversa contagiante que reflete a emoção e a renovação que a formação pode trazer.

A colaboração entre diferentes áreas da saúde e educação também desempenha um papel vital nesse cenário. A união de conhecimentos de psiquiatria, educação, neurologia e neuropsicologia cria um ambiente rico em saberes que favorecem uma abordagem multidisciplinar. Imagine uma equipe composta por psiquiatras, médicos e neuropsicólogos trabalhando juntos para traçar um plano terapêutico integrado para um adolescente em risco. Através de um bate-papo evidenciado em reuniões regulares, os profissionais compartilham conhecimentos e técnicas, potencializando resultados de tratamento e criando um impacto significativo na vida do paciente.

Cláudia, outra neuropsicóloga, percebeu essa oportunidade ao juntar-se a um coletivo de profissionais que promovia encontros regulares. "No início, pensei que isso não mudaria muito a minha prática, mas a interação com outros especialistas me ensinou tanto. A troca de experiências é enriquecedora e, juntos, podemos desenvolver intervenções mais integradas e efetivas," relata Cláudia, cuja trajetória profissional floresceu justamente pela conexão e colaboração com seus pares.

Além disso, as conferências e eventos oferecidos em associações de neuropsicologia oferecem um espaço não apenas para aprendizado, mas para networking. Em um momento de descontração durante uma conferência, um colega de Cláudia comentou como estava utilizando um novo protocolo de avaliação. Essa conversa casual levou a uma troca mais profunda de conhecimento, e de lá, Cláudia já planejava implementar mudanças em sua clínica. Esses pequenos encontros podem ter um impacto incalculável na forma como encaramos e conduzimos nosso trabalho.

A valorização constante de um aprendizado contínuo e de uma prática integrada fortalece ainda mais a profissão. As oportunidades profissionais na neuropsicologia não se limitam a consultórios; elas se estendem a áreas como pesquisa, onde novos estudos são cruciais para entender melhor o funcionamento cerebral e suas implicações no comportamento humano. O envolvimento em pesquisas proporciona aos neuropsicólogos a possibilidade de não apenas contribuir com a ciência, mas também manter-se na vanguarda do conhecimento.

Por fim, engajar-se em ações que promovam a conscientização sobre a neuropsicologia na comunidade também se revela como uma poderosa forma de crescimento. Workshops e palestras para educadores, pais e mesmo a população em geral não apenas disseminam conhecimento, mas também humanizam a prática ao criarmos um espaço onde todos se sintam parte da conversa. A neuropsicologia deve estar presente nas vozes de muitos, reduzindo estigmas e promovendo um entendimento mais amplo sobre os transtornos neuropsicológicos.

Assim, as oportunidades de crescimento profissional para neuropsicólogos se revelam vastas e promissoras. Treinar-se continuamente, colaborar com outros profissionais e participar ativamente da divulgação da neuropsicologia são passos que não apenas plantam sementes para a evolução individual, mas cultivam um campo fértil para que essa importante disciplina prospere, gerando benefícios inegáveis para toda a sociedade.

O futuro da neuropsicologia se apresenta como uma paisagem repleta de potencial e desafios. À medida que avançamos, é fundamental refletir sobre como as tendências atuais moldarão essa disciplina e sua prática. A integração de abordagens multidisciplinares, onde profissionais de diversas áreas da saúde e da educação trabalham em conjunto, é um dos movimentos mais promissores. Essa colaboração não apenas enriquece a prática clínica, mas também garante que os pacientes recebam um cuidado holístico que considera todos os aspectos de suas vidas.

Neste cenário, o papel dos neuropsicólogos é mais crucial do que nunca. Eles não são apenas especialistas na avaliação e reabilitação cognitiva; são defensores da saúde mental e do bem-estar em uma sociedade que ainda luta contra o estigma associado a questões psíquicas. Neste sentido, é imprescindível que os profissionais da área se tornem agentes de mudança, promovendo um entendimento mais amplo sobre a importância da neuropsicologia e da saúde mental. Eventos comunitários, oficinas educativas e programas de conscientização são exemplos de como os neuropsicólogos podem se envolver diretamente com a sociedade, quebrando tabus e engajando o público em conversas significativas.

Além disso, com o avanço da tecnologia, a neuropsicologia é beneficiada por novas ferramentas que proporcionam um tratamento e uma análise mais eficazes. A inteligência artificial e as plataformas digitais agora desempenham papéis importantes, facilitando a coleta e dados e a personalização de intervenções. Embora essas novações apresentem desafios éticos, como a proteção de dados e a privacidade, elas também oferecem oportunidades sem precedentes. Profissionais da neuropsicologia devem se preparar para integrar essas tecnologias em suas práticas, sendo os primeiros a encorajar um uso ético e responsável que priorize a experiência do paciente.

O futuro da neuropsicologia também pressupõe uma evolução nas práticas de formação e educação continuada. Com a velocidade dos avanços científicos e tecnológicos, é vital que os neuropsicólogos se comprometam com um aprendizado constante. Presenciar o crescimento de cursos de atualização, especializações e conferências denota um sinal positivo de que a profissão está se adaptando às exigências contemporâneas. Novas áreas de atuação, além das já conhecidas, estão surgindo, ampliando o espectro de atuação dos neuropsicólogos na infância, adolescência e até na terceira idade.

Concluindo, a neuropsicologia está em um momento decisivo. O indivíduo humano está no centro dessa transformação, e cabe a cada profissional da área lutar para que essa disciplina não apenas evolua em termos técnicos, mas também se mantenha fiel ao seu propósito mais profundo: promover o bem-estar e a dignidade de todos os que necessitam de apoio. Que cada neuropsicólogo possa se ver como um farol de esperança em meio às incertezas do futuro, comprometendo-se com seu papel de changement, contribuindo para uma sociedade onde a saúde mental seja não apenas uma prioridade, mas um direito inalienável. A jornada é desafiadora, mas as recompensas são incalculáveis, pois unir ciência, empatia e compromisso pode transformar milhões de vidas.

CAPÍTULO 11: FUTURO DA NEUROPSICOLOGIA

INOVAÇÕES TECNOLÓGICAS NA NEUROPSICOLOGIA

O futuro da neuropsicologia repousa nas inovadoras tecnologias que estão cada vez mais presentes no cotidiano das práticas clínicas. A ascensão da inteligência artificial (IA) e do machine learning apresenta-se não apenas como uma tendência, mas como uma revolução que promete transformar nossa forma de compreender e tratar a complexidade do comportamento humano. Ao longo das próximas páginas, embarcaremos em uma jornada através dessas inovações, explorando como elas estão reescrevendo as normas da prática neuropsicológica.

Em primeiro lugar, vamos desbravar o uso de aplicativos que vêm facilitando a avaliação e o monitoramento dos pacientes. Imagine um recurso que não só permite que os indivíduos registrem suas emoções diariamente, mas que também fornece feedback instantâneo ao profissional, permitindo ajustes imediatos nas abordagens terapêuticas. Uma ferramenta poderosa é o aplicativo "MindTracker", que, por meio de uma interface intuitiva, ajuda os pacientes a mensurar sua saúde mental em tempo real. "O uso do MindTracker foi um divisor de águas", compartilha Lucas, um neuropsicólogo que adotou a ferramenta em sua prática. "Ele não apenas empodera o paciente a se tornar um participante ativo do seu tratamento, mas também me proporciona dados valiosos que eu nunca teria sem essa tecnologia."

Com a automação e o entendimento preditivo proporcionados pela IA, a personalização do tratamento atinge um novo patamar. Em vez de intervenções padronizadas, cada paciente recebe um plano adaptado às suas necessidades únicas. Esse modelo de tratamento baseado em dados permite aos neuropsicólogos desenvolverem estratégias muito mais eficazes. Exemplos de aprendizado de máquina estão surgindo em avaliações neuropsicológicas, onde algoritmos são utilizados para identificar padrões de desempenho que podem passar despercebidos durante o exame tradicional. "Ver como a tecnologia pode amplificar nosso entendimento das capacidades cognitivas é emocionante," diz Juliana, neuropsicóloga que viu sua prática se beneficiar da utilização de avaliações com apoio tecnológico. "Essas ferramentas não substituem nossa sensibilidade humana, mas a potencializam."

Ademais, a tecnologia não para por aí. As videoconferências, por exemplo, democratizaram o acesso à neuropsicologia, permitindo que pacientes em áreas remotas se conectem a profissionais qualificados sem a necessidade de longas viagens. Historicamente, pacientes que viviam fora dos grandes centros urbanos enfrentavam inacessibilidade a serviços especializados. "Eu moro em uma área rural e nunca pensei que poderia ter acesso a um neuropsicólogo. Com as consultas online, minha vida mudou," declarou Cristiane, paciente que encontrou apoio vital por meio dessas novas plataformas.

Contudo, é imprescindível refletir sobre os desafios que essas inovações implicam. A utilização de tecnologia em saúde mental levanta questões éticas delicadas, como a privacidade dos dados e o consentimento informado. Como os neuropsicólogos podem garantir que, ao adotar essas ferramentas, os direitos dos pacientes sejam preservados? Marta, uma neuropsicóloga ética que se debruça sobre a questão, enfatiza: "A transparência com meus pacientes é fundamental. Eles devem saber como seus dados serão utilizados, e a confiança deve ser a base de toda interação."

Conforme navegamos pelo potencial ilimitado das inovações tecnológicas, fica evidente que a neuropsicologia está à beira de uma transformação monumental. As possibilidades estão se expandindo, oferecendo não apenas caminhos mais eficazes para o tratamento, mas também uma maneira de desmistificar a saúde mental. Por meio da integração da IA e outros recursos, a disciplina se torna mais inclusiva, alinhando-se ao objetivo supremo de promover não apenas o conhecimento clínico, mas a verdadeira compreensão das nuances do ser humano em toda sua complexidade. À medida que praticantes e pacientes se adaptam a essa nova era, o compromisso com a ética e a qualidade humana permanecem como pilares inegociáveis da neuropsicologia.

O futuro da neuropsicologia é moldado de forma inequívoca pela necessidade de formação contínua dos profissionais que atuam na área. Nesse cenário, o aprendizado não pode ser encarado apenas como uma formalidade; é um compromisso com a excelência que beneficia tanto os neuropsicólogos quanto os pacientes que buscam melhorar sua saúde mental. A rápida evolução da ciência e a incorporação de novas tecnologias demandam que os profissionais estejam atualizados, preparados para enfrentar as exigências de um mundo em constante transformação.

A busca por conhecimento, através de cursos, workshops e palestras, representa um investimento crucial na carreira de qualquer neuropsicólogo. A experiência de Carla, uma jovem profissional que se dedicou a participar de uma série de webinars sobre neuropedagogia, ilustra essa importância. "O que aprendi nesse período ampliou meu entendimento sobre como a neuropsicologia pode se entrelaçar com a educação e deu uma nova dimensão ao meu trabalho", relata. Essa percepção reflete o que muitos especialistas sentem ao explorar áreas interativas que reaplicam conhecimentos adquiridos.

É possível destacar também a colaboração interdisciplinar como um elemento enriquecedor na formação dos neuropsicólogos. Profissionais que atuam em conjunto com psiquiatras, neurologistas e educadores conseguem criar abordagens mais robustas, garantindo um cuidado compreensivo ao paciente. Assim como Roberto, que, ao se unir a uma equipe multidisciplinar, percebeu os benefícios dessa interação: "Foi revelador trabalhar com outros profissionais; a troca de ideias é simplesmente fascinante e nos ajuda a desenvolver estratégias que, individualmente, nunca iríamos considerar."

Além disso, eventos comunitários fomentados por neuropsicólogos têm um papel vital na formação contínua, não apenas para os profissionais, mas também para a sociedade. Estes eventos são uma chance de comunicar o conhecimento adquirido e desmistificar conceitos sobre saúde mental, contribuindo diretamente para a redução do estigma. Ana, após participar de uma dessas atividades, compartilhou: "Ver a comunidade se engajar em discussões sobre saúde mental foi gratificante. Não se deve falar apenas entre nós, entre os profissionais, mas também trazer essas conversas para a sociedade."

A flexibilidade das modalidades de aprendizado também tem se expandido, e o acesso online a materiais e cursos já não é uma novidade. Porém, o que continua a causar impacto é a qualidade do conteúdo oferecido. Assim, neurólogos e neuropsicólogos que buscam garantir um ensino de excelência não podem esquecer de almejar por conteúdos atualizados, aplicáveis e, acima de tudo, inspiradores.

Em resumo, a formação contínua é mais do que uma opção; é uma responsabilidade que cada neuropsicólogo deve carregar consigo. A combinação de aprendizado, colaboração e compromisso com a ética e a inovação garantirá a evolução dessa disciplina, reafirmando sua relevância diante dos desafios contemporâneos. O futuro será luminoso para aqueles que se dispuserem a trilhar o caminho da formação contínua, perseverando na busca por conhecimento e na prática ética, fundamental para atender adequadamente as complexas demandas da neuropsicologia.

Ao olharmos adiante, o horizonte da neuropsicologia se desdobra em possibilidades e descobertas sem fim. A necessidade de adaptação e crescimento contínuo, por sua vez, promete não apenas transformar a prática profissional, mas impactar profundamente a vida de todos os que se beneficiam desse cuidado e atenção. O compromisso com a formação contínua é, portanto, uma luz que deve sempre guiar a jornada de cada neuropsicólogo, em sua busca incessante por um mundo mais saudável e inclusivo.

O futuro da neuropsicologia se encontra em uma encruzilhada onde a pesquisa interdisciplinar e as inovações clínicas caminham lado a lado, moldando não apenas a prática clínica, mas também o entendimento mais amplo das complexidades da mente humana. A crescente necessidade de um olhar integrativo, que una conhecimentos de diversas áreas, é vital para o avanço das intervenções neuropsicológicas. Como neuropsicólogos, é nossa responsabilidade explorar essas interseções, aproveitando as contribuições únicas que cada disciplina pode trazer.

Um exemplo contundente desse tipo de colaboração é visto em estudos onde neuropsicólogos trabalham conjuntamente com neurologistas e psiquiatras. Esses esforços conjuntos resultam em abordagens de tratamento que consideram não apenas os aspectos cognitivos, mas também emocionais e comportamentais dos pacientes. Nessa sinergia, novas intervenções são desenvolvidas, facilitando uma reabilitação mais abrangente. Imagine uma equipe que, em um hospital, se reúne semanalmente para discutir casos especiais. Visionários como Ana, uma neuropsicóloga, contam que "o diálogo multidisciplinar enriqueceu nossa capacidade de entender o paciente como um todo e não apenas através de um diagnóstico isolado." É essa abordagem holística que potencializa a efetividade das intervenções e melhora a qualidade de vida do paciente.

Ademais, as inovações clínicas são frequentemente impulsionadas por pesquisas que exploram os efeitos de novos tratamentos e métodos de intervenção. Enquanto novas técnicas, como as terapias baseadas em realidade virtual, ganham espaço, a pesquisa continua essencial para validar e otimizar esses recursos. A experiência de Lucas, que conduziu um estudo sobre a eficácia das intervenções em realidade virtual para o tratamento de fobias, demonstra isso claramente. "Observamos resultados surpreendentes; a imersão na realidade virtual permitiu que os pacientes confrontassem seus medos de uma maneira controlada e segura," revela. Assim, a intersecção entre pesquisa e prática não é apenas benéfica, mas vital para a evolução da neuropsicologia.

As oportunidades de pesquisa vão além do ambiente clínico e se estendem a contextos sociais, examinando como fatores como pobreza, marginalização e acesso a recursos afetam a saúde mental. Nesse sentido, a neuropsicologia pode contribuir significativamente em políticas públicas e programas de intervenção na comunidade. Historicamente, a necessidade de adaptar intervenções neuropsicológicas que considerem as realidades sociais dos pacientes tem sido um tema em ascensão. Professores e pesquisadores, como Carla, têm abordado essa questão: "Estamos vendo um número crescente de pesquisas que enfatizam a importância do contexto socioeconômico na realização de avaliações neuropsicológicas precisas," afirma. E essa percepção é da máxima importância, pois ao abordar o paciente de maneira contextualizada, ou seja, levando em consideração a complexidade das suas vivências diárias, conseguimos resultados que fazem a diferença.

Portanto, iluminar o caminho da neuropsicologia através da pesquisa interdisciplinar e das inovações clínicas não é apenas uma tarefa para acadêmicos; mas um convite a toda a comunidade neuropsicológica para que se torne mais ativa nas discussões em torno da saúde mental. A participação ativa em pesquisa, colaborar em projetos e disseminar conhecimento são passos cruciais que profissionais da área devem abraçar. Que possamos caminhar juntos neste futuro vibrante, onde a neuropsicologia não só responde às necessidades dos indivíduos, mas também se posiciona como uma voz forte nas questões sociais que afetam a saúde mental. O compromisso com a pesquisa e a prática interdisciplinar garante não apenas um horizonte promissor para a neuropsicologia, mas também a certeza de que estamos fazendo diferença na vida de muitos.

A promoção da saúde mental e as ações comunitárias emergem como um componente fundamental da neuropsicologia do futuro. À medida que avançamos na construção de um cenário mais inclusivo e acolhedor, neuropsicólogos se tornam defensores essenciais na luta contra os estigmas associados às condições psicológicas.

Imaginemos o impacto transformador de uma iniciativa comunitária liderada por profissionais da neuropsicologia. Um programa de sensibilização, por exemplo, pode alcançar escolas, centros comunitários e organizações não governamentais, oferecendo informações valiosas sobre saúde mental. A história de André, um neuropsicólogo comprometido com sua comunidade, ilustra bem isso. Ele desenvolveu um projeto chamado "Mentes em

Ação", que visa educar jovens sobre a importância de cuidar da saúde mental e reconhecer sinais de sofrimento emocional. "É gratificante ver a mudança de perspectiva nas crianças. Elas passam a falar mais abertamente sobre o que sentem", relata André, com a energia contagiante de quem sabe que a mudança é possível.

Essas ações não apenas desmistificam a neuropsicologia, mas também promovem um ambiente onde o diálogo sobre saúde mental é encorajado. A participação ativa em eventos de conscientização, como caminhadas ou feiras de saúde, conecta profissionais e a comunidade, criando espaços de interação e educação mútua. Assim, neuropsicólogos se tornam os pontos de referência em suas comunidades, convencendo as pessoas de que perguntar "Como você está se sentindo?" é tão importante quanto questionar sobre qualquer outra condição de saúde.

A promoção da saúde mental também deve incluir uma abordagem inclusiva, visando atender populações marginalizadas e vulneráveis. Os neuropsicólogos precisam trabalhar em colaboração com assistentes sociais, educadores e outros profissionais da saúde para garantir que os serviços sejam acessíveis a todos. Um exemplo clássico é o caso de Júlia, que, vivendo em uma comunidade de baixa renda, encontrou apoio em um grupo de terapia criado por uma equipe multidisciplinar. "A sensação de estar acompanhada, de ter um espaço para compartilhar meu sofrimento sem preconceitos, mudou minha vida", testemunha, provando que a efetividade do tratamento vai além dos pressupostos clínicos, alcançando nuances sociais e emocionais que muitas vezes permanecem ocultas.

Além disso, integrar a promoção da saúde mental nos currículos escolares é uma estratégia promissora. Capacitar professores com ferramentas de identificação precoce de problemas e estratégias de apoio pode fazer toda a diferença na vida de alunos que, de outra forma, poderiam passar despercebidos. A vivência de Carlos, um educador que participou de um treinamento oferecido por psicólogos e neuropsicólogos, exemplifica essa necessidade. "Aprendi como ajudar um aluno que passa por dificuldades emocionais e como isso não apenas melhora a vida dele na escola, mas o prepara melhor para o futuro", diz.

As plataformas digitais também desempenham um papel crítico na promoção da saúde mental. Webinários, vídeos e posts informativos podem quebrar barreiras e conectar profissionais a um público mais amplo. Quando a neuropsicologia se torna acessível através de meios digitais, o resultado é uma comunidade mais informada e menos propensa a estigmas. Com São Paulo como um exemplo, onde iniciativas virtuais atingiram centenas de jovens, tornou-se evidente que o potencial de engajamento nesse campo é enormemente significativo e impactante.

Ao focar na promoção da saúde mental e nas ações comunitárias, a neuropsicologia se posiciona não apenas como um campo clínico, mas como uma força transformadora nas comunidades. Que cada iniciativa como "Mentes em Ação" inspire mais neuropsicólogos a arregaçar as mangas e se unir à luta pela saúde mental, para que mais vidas possam ser tocadas, compreendidas e, acima de tudo, valorizadas. É imanente garantir que a neuropsicologia não seja um barco isolado, mas sim uma rede de apoio que vá ao encontro de todas as vozes, promovendo a saúde mental como um direito coletivo. O futuro é brilhante, repleto de possibilidades e promessas, pois cada passo dado na comunidade é um avanço na direção de um mundo onde a saúde mental é reconhecida e cuidada com a devida atenção.

CAPÍTULO 12: ENCERRAMENTO

Reflexões Finais sobre a Neuropsicologia

Ao final de nossa jornada pela neuropsicologia, somos convidados a refletir sobre os múltiplos aspectos que revelam a interconexão poderosa entre a mente e o cérebro. Em todo o livro, navegamos por conceitos que unem a ciência e a prática clínica, mostrando que a neuropsicologia não é apenas um campo de estudo, mas uma verdadeira porta para entendermos a complexidade humana.

As implicações práticas desse conhecimento são imensas. Aprendemos que, por trás de cada avaliação e intervenção, existe uma história — uma vida que clama por compreensão e acolhimento. O entendimento da neuropsicologia nos alia a uma abordagem holística do ser humano, onde não basta olhar para o diagnóstico, mas sim considerar todo o contexto em que o indivíduo está inserido, sua história e suas vivências.

Histórias inspiradoras caminham ao lado de dados científicos. Vamos lembrar que a historicidade nos ensina não apenas sobre os erros do passado, mas sobre as grandes conquistas que moldaram o que entendemos hoje. Ao falarmos sobre avaliações, intervenções e reabilitações, reconhecemos a importância de cada passo que um profissional dá na busca pelo bem-estar do paciente. Cada paciente traz consigo um emaranhado de experiências que precisamos compreender para oferecer o suporte adequado.

O papel transformador da neuropsicologia na prática clínica é inegável. Não se trata apenas de tratamentos, mas de um compromisso com a vida e com o futuro dos indivíduos. Cada diagnóstico é uma oportunidade de mudança, cada terapia, um passo em direção a uma vida mais plena. O neuropsicólogo, ao entender a mente e o comportamento, torna-se um agente de transformação, um verdadeiro guia que caminha lado a lado com aqueles que buscam apoio.

Assim, ao chegarmos ao fim deste livro, somos convocados a continuar essa jornada. O conhecimento adquirido deve servir como base para uma prática reflexiva, ética e sempre voltada para a promoção da saúde mental. Que cada reflexo da mente humana, cada nuance do comportamento, nos lembre de que a neuropsicologia é, acima de tudo, uma celebração da vida em suas inúmeras formas e significados.

À medida que encerramos este capítulo, levemos conosco a certeza de que o aprendizado é contínuo e que a neuropsicologia, em sua essência renovadora, continua a nos ensinar sobre a maravilha do ser humano. Que possamos seguir explorando, descobrindo e fomentando um ambiente onde a saúde mental é priorizada e respeitada, e onde todos têm a oportunidade de brilhar em sua totalidade.

Reflexões Finais sobre a Neuropsicologia

Ao chegarmos ao final desta obra, somos imersos em uma profunda reflexão sobre o papel transformador da neuropsicologia na vida dos indivíduos. Ao longo dos capítulos, exploramos como as interconexões entre a mente e o cérebro revelam não apenas a complexidade do comportamento humano, mas também a beleza de cada história que se desenrola nas práticas clínicas. Cada teste realizado, cada terapia aplicada, traz consigo a narrativa única e rica de vidas que buscam compreensão, apoio e mudança.

É crucial entender que o conhecimento adquirido e discutido aqui não se trata de mera teoria; ele se enraíza na realidade prática de milhares de neuropsicólogos que, em seus consultórios, se deparam com a vulnerabilidade e a resiliência humanas. Ao considerarmos a história e o contexto de cada paciente, reconhecemos que por trás do diagnóstico existem experiências vividas que merecem atenção e empatia. Essa abordagem integral transforma a prática neuropsicológica em um ato de cuidado, onde profissionais se tornam facilitadores de mudanças significativas.

Lembremos das histórias inspiradoras que aqui pontuamos. Profissionais como Ana e Lucas, que aplicaram suas paixões e habilidades para iluminar o caminho de seus pacientes, mostraram-nos que a neuropsicologia é mais do que uma ciência; é uma arte que combina técnica, compreensão e sensibilidade. Eles nos ensinaram que cada caso é uma oportunidade para aprender e crescer. As narrativas de superação e esperança nos lembram insistentemente que a ciência caminha de mãos dadas com a humanidade.

À medida que encerramos este ciclo, fica evidente que a formação contínua é não só uma responsabilidade, mas um imperativo para aqueles que desejam navegar pelas águas complexas da neuropsicologia moderna. A evolução constante das técnicas, das descobertas e da própria sociedade exige que continuemos aprendendo e nos adaptando. Aqueles que aceitarem esse chamado estarão não apenas atualizados, mas também inspirados a agir e a impactar vidas com responsabilidade e inovação.

Além disso, a neuropsicologia tem uma tarefa social inigualável. Temos o dever de desmistificar o conhecimento e trazê-lo para o cotidiano das pessoas. A promoção da saúde mental e a inclusão social são pilares que precisamos apoiar com vigor, atuando em conjunto com comunidades, escolas e famílias. A história de André, que levou sua experiência e conhecimento para jovens em sua comunidade, exemplifica como cada um de nós pode fazer a diferença — não apenas dentro das paredes de um consultório, mas na sociedade como um todo.

Assim, com esse conhecimento em mente, somos incentivados a continuar explorando, compartilhando e aprendendo. Essa jornada não terminou; ela apenas começa. Que cada leitor seja encorajado a buscar mais, a questionar mais e, acima de tudo, a acolher com mais amor e entendimento. O futuro da neuropsicologia é promissor, e a dedicação genuína de cada profissional pode transformar não apenas vidas individuais, mas o tecido da sociedade. Estamos todos conectados nessa tapeçaria da experiência humana; que possamos contribuir para a sua beleza com coragem e compaixão.

Ao seguirmos adiante, lembremos sempre que a neuropsicologia é uma celebração do ser humano em toda a sua complexidade e potencialidade. Que possamos abraçar esse desafio de pé, com determinação e um coração aberto.

A promoção da saúde mental não é uma tarefa exclusiva de profissionais da área, mas um chamado que ecoa em todas as esferas da sociedade. Convidamos você, leitor, a refletir sobre como cada um pode se tornar um defensor da saúde mental, ampliando o conhecimento e conscientização em sua comunidade. Essa mudança começa com pequenas ações, como conversas informais sobre bem-estar emocional, e se desenvolve em iniciativas significativas que podem transformar vidas.

A educação é um alicerce fundamental nesse processo. É preciso desmistificar a saúde mental nas escolas, inserindo no currículo atividades que discutam emoções, desafios e a importância do autocuidado. Quando adolescentes ou crianças aprendem a falar abertamente sobre seus sentimentos, estamos formando uma geração que valoriza a saúde mental e busca apoio quando necessário. Citar Portugal base como exemplo, onde alunos em diversas escolas têm recebido workshops de inteligência emocional, reflete a eficácia de ações educacionais em promover saúde e bem-estar desde a infância.

As políticas públicas também precisam ser repensadas. É preciso um olhar atento e transformador que integre a neuropsicologia às estratégias governamentais, promovendo serviços de saúde mental mais acessíveis e abrangentes. Cada pequeno esforço conta. Seja acolhendo um amigo que enfrenta dificuldades, lançando campanhas de prevenção ou atuando em conselhos locais, todos têm papel na construção de uma sociedade mais solidária e informada.

Em marcha a essa conscientização, o ativismo social surge como uma peça chave. Movimentos podem engendrar mudanças significativas na maneira como as comunidades tratam a saúde mental. Grupos de apoio locais, caminhadas de conscientização e campanhas de destigmatização são maneiras de unir esforços de todos, criando espaços seguros onde compartilhamos experiências e promovemos compreensão. Com o apoio de figuras influentes na localidade, podemos dar uma voz poderosa a questões que muitas vezes permanecem escondidas sob o manto do preconceito.

Por fim, vamos considerar que as redes sociais, se usadas de forma responsável e construtiva, possuem um potencial incrível para unir as pessoas em prol da saúde mental. Plataformas digitais podem ser utilizadas para compartilhar conhecimentos, histórias de superação e ferramentas que ajudam na gestão do bem-estar. Ao seguirmos juntos nesse propósito, criamos um espaço de acolhimento e apoio, onde cada um se sente parte de uma comunidade que prioriza a saúde mental como um direito essencial.

Chamamos todos a se unirem nesse movimento, não importa quão pequeno seja o passo. Cada um de nós possui a capacidade de moldar um ambiente mais saudável. Que possamos ser porta-vozes da neuropsicologia na prática e defender com ardor a promoção da saúde mental em todas as suas nuances. É um chamado para que possamos, juntos, construir um futuro onde cada indivíduo é ouvido, cuidado e respeitado—onde a saúde mental não é apenas um conceito, mas uma realidade vivida com dignidade e compaixão.

A tarefa de promover a saúde mental é de todos, e nossa união nesse trabalho é fundamental para que possamos avançar. Sigamos em frente, com esperança e determinação, sempre prontos a defender e elevar a saúde mental como prioridade em nossa sociedade.

Visando o Futuro: Desafios e Oportunidades

À medida que nos voltamos para o futuro da neuropsicologia, somos confrontados com um horizonte repleto de desafios e oportunidades que moldarão o curso dessa disciplina. A evolução das tecnologias, especialmente no campo da inteligência artificial, promete revolucionar as práticas e intervenções. No entanto, essa inovação traz à tona uma série de questões que exigem reflexões profundas.

Um dos principais desafios é a adaptação dos profissionais às novas ferramentas tecnológicas. Apesar das inegáveis vantagens, há um risco potencial de desumanização no tratamento, caso os neuropsicólogos não consigam equilibrar a tecnologia com o toque humano essencial que caracteriza suas práticas. É vital que não percamos de vista a importância da empatia e da conexão humana em um mundo cada vez mais digitalizado. A neuropsicologia é uma ciência das relações e, nesse contexto, a humanização deve sempre prevalecer.

Contudo, não são apenas as tecnologias que nos desafiam. O aumento da demanda por serviços de saúde mental, exacerbado por crises sociais e pandemias, requer que os neuropsicólogos se tornem vozes ativas na defesa da saúde mental. Encontramos uma necessidade premente de desestigmatizar condições psicológicas e promover o bem-estar de forma inclusiva. A integração entre neuropsicologia e políticas públicas, assim como o fortalecimento da atuação comunitária, são caminhos a serem continuamente explorados.

Entre as oportunidades que se vislumbram, a pesquisa interdisciplinar ganha destaque. A colaboração com outras áreas do conhecimento, como neurologia, psiquiatria e até mesmo ciências sociais, pode abrir novas frentes de entendimento e intervenção. As novas abordagens e descobertas que emergirem dessas colaborações enriquecerão ainda mais o arsenal de ferramentas disponíveis para neuropsicólogos.

Além disso, a educação pode desempenhar um papel fundamental na formação de novos profissionais. Integrar conceitos de neuropsicologia mais diretamente nas escolas de formação pode resultar em um novo tipo de profissional, mais preparado para os desafios contemporâneos. Uma formação que não apenas priorize o conhecimento técnico, mas que também perpetue valores humanos embutidos na prática.

Por fim, o convite à formação contínua deve ecoar entre todos os profissionais da área. A evolução da neuropsicologia precisa estar acompanhada do comprometimento e da vontade de aprender cada vez mais. A busca incessante por conhecimento é o que nos tornará não apenas competentes, mas inseridos como agentes de transformação dentro da sociedade.

Assim, deixamos o leitor com uma mensagem de esperança e antecipação. O futuro da neuropsicologia é vibrante e carrega consigo o potencial de transformar não apenas vidas individuais, mas a sociedade como um todo. Se nos unirmos em torno dessa causa, prometemos avançar juntos, armados com conhecimento, empatia e a disposição de ouvir e servir a cada vez mais pessoas. Cada passo que damos nessa direção é um passo em direção a um mundo onde a saúde mental é priorizada e respeitada, um mundo onde todos têm a chance de brilhar em sua totalidade.

Ao chegarmos ao final desta obra, minha esperança é que cada um de vocês, leitores, tenha sentido a profundidade e a beleza que a neuropsicologia pode oferecer. Em um mundo onde as complexidades da mente e do comportamento humano frequentemente se entrelaçam, a neuropsicologia emerge como uma luz, guiando-nos por entre desafios e descobertas.

O conhecimento compartilhado aqui não é apenas uma coleção de teorias e práticas; é um convite à reflexão sobre nós mesmos e sobre como podemos impactar vidas. Lembre-se de que cada indivíduo possui uma história única, e a compreensão dessas narrativas é fundamental para promover cuidados verdadeiramente significativos.

Acredito que, ao aplicar os princípios discutidos nos capítulos anteriores, vocês estarão bem equipados para atuar de maneira holística e ética, contribuindo para o bem-estar das pessoas que cruzam seus caminhos. Sejamos, portanto, agentes de mudança, impulsionando a saúde mental e a compreensão humana em nossos lares, comunidades e profissões.

A neuropsicologia é um campo vibrante e em constante transformação. À medida que avançamos nesse percurso juntos, continuemos a explorar, aprender e crescer. Que cada passo dado se reverta em compreensão, empatia e transformação.

Agradeço a cada um de vocês pela companhia nesta jornada. Que possamos trilhar o caminho da neuropsicologia com rigor, paixão e um olhar sempre atento para o futuro.

Com carinho,

Adriely Oliveira